深夜裡的哲學家

史蒂芬·
Stephen La

What am I doing with my life?

and other late night internet searches answered by the great philosophers

為什麼好人總會受苦？人生有意義嗎？讓蘇格拉底、笛卡兒、尼采等70位大思想家回答45則令人深夜睡不著的大哉問

獻給塔倫

目次

序言

從前，人們在經過一整天辛勤的收割、狩獵或編織後，會抬起頭仰望天空，嚴肅地自問一些具有探究性的問題。我們會想知道生命的意義，以及人生是否還有更重要的事情。我們會問自己是好人、還是壞人，也會想知道為什麼好人總受苦。我們會擔心自己是否做了正確的決定而感到焦慮。

到了現代，在辦公室辛苦工作一整天之後，我們在深夜比較可能透過上網，從Google尋找答案。但有趣的是，我們依然在探問許多相同的問題。

網路搜尋引擎提供的自動完成功能是一個很好的指標，顯示人們都輸入什麼樣的問題。在Google網頁輸入「我該……怎麼辦？」時，首先出現的是「我該拿這輩子怎麼辦？」其他自動完成的問題還包括：「人生還有更重要的事情嗎？」、「我是好人嗎？」、「我的人生有意義嗎？」、「為什麼好人會受苦？」和「我會下地獄嗎？」

這本書都是關於這一類的問題，其中大部分來自Google的自動完成功能，而且所有的問題都是我們稍有空閒時間反思及自我評估時可能會退一步思忖的問題。

其中有一些問題顯然是哲學問題，與蘇格拉底、亞里斯多德和康德等所謂的「偉大哲學家」思考的問題相同。即使有一些問題並非明顯的哲學問題，但最後也證明哲學通常可以提供一些有用的見解。有時候某一些哲學上的解釋正好可以幫助我們釐清問題，有時候知悉一、兩項哲學的論點或概念能讓我們在為問題尋找答案時獲得一點真正的進展。

在某種意義上，這是一本學習「自我成長」的書籍，一本顯示哲學能幫助我們釐清事物的書籍——內容包括了許多偉大哲學家的思想與洞見。這不是一本直接把答案丟給你、讓你不必再思考那些問題的書，你必須運用自己的聰明才智和情緒智商才能找出答案。我希望你讀完這本書之後會更有思考能力，因為這本書的目的是讓你**更懂得思考**。藉由有益的哲學入門課，這本書能提供你諸多哲學洞見、思想工具和有用的對比，你將可在這本書裡學到這些東西。我也希望你會發現：在處理每個人不時詢問自己的那些嚴肅又重要的問題時，擁有一些哲學方面的經驗是非常有幫助的，讓你絕對不會與日常生活脫鉤。

有些問題我會試著提供答案（但請不要一味接受我的意見，你應該自己拿定主意），有些問題你會發現我也不確定答案是什麼，但大多數的問題我只會給一些我希望你覺得有用的提示。你可以依照適合自己的順序深入探究問題——就像你在Google上搜尋答案那樣。

史蒂芬・羅

寫於牛津大學

1 為什麼我沒朋友？

亞里斯多德談友情的真諦

我們大多數人都想要有朋友。雖然少數人喜歡獨處和隱士般的生活，但我們大都非常重視友誼，有些人甚至把友誼看得比任何事情都還重要。古希臘哲學家亞里斯多德（Aristotle）堅稱沒有朋友的人生不值得活。他說：「談到人生，友誼是最必要的……因為沒有了朋友，沒有人會選擇活下去，儘管仍擁有其他的東西。」另一位古希臘哲學家伊比鳩魯（Epicurus）認為友誼是幸福的必要條件：「在協助人們擁有幸福生活的各種智慧之中，最重要的顯然是擁有友誼。」

如果我們沒朋友，是什麼原因造成這樣的結果？而我們應該如何改善？

一旦你開始思考自己為什麼沒朋友，各種想法可能就會突然浮現在你腦中。一個最明顯的想法會是：「我沒朋友是因為我不討人喜歡嗎？」但實際上，有許多相當不討人喜歡而且真的很糟糕的人似乎都有親密的朋友。

有一種不討喜的人——喜歡說長道短、挑剔別人的人——在交朋友方面甚至可能具有優勢。據說美國前總統狄奧多・羅斯福（人稱「老羅斯福」）的女兒愛麗絲・羅斯福・朗沃斯有一顆繡花枕頭，上面繡著一句座右銘：「如果你沒辦法說別人的好話，請來我的旁邊坐。」社會心理學家已經證實，分享對他人的負面看法有助於拉近人與人之間的距離。

當然，關係最緊密的青少年團體往往是最愛八卦的一群人。那種團體裡面的人，在討厭並排斥不屬於該團體的外人時，可能會覺得彼此更緊緊相繫。總而言之，討人厭似乎不是交朋友的障礙。

對於人們為什麼沒朋友，最顯而易見的解釋可能是因為他們「沒有敞開心胸交朋友」。如果我們不把自己放在可以交朋友的位置，那麼沒朋友或多或少會是必然的結果。儘管如此，就算我們擁有健康的社交網絡及行程滿檔的社交行事曆，我們仍有可能覺得自己沒有**真正的**朋友。我們可能認為，真正的友誼不僅是經常見到某些人——在俱樂部、派對和其他聚會上的那些人。倘若這是我們介意的問題，如果我們發現自己即使身處一個滿是人的場合也會感到孤單，或許我們需要思考一下真正的友誼意味著什麼。

亞里斯多德指出三種不同的友誼，其中兩種很常見，另一種則更為深刻。

亞里斯多德認為，有些友誼建立在對我們**有用**的基礎上，為我們提供經濟、政治或其他方面的實質利益。比方說，我們可能會與對我們事業有幫助的同事建立友誼。立基在利益基礎上的友誼不一定等於利用別人，因為好處可以是互惠的：我替你搔背，你也替我抓癢。

亞里斯多德認為，第二種友誼著重在**歡愉**：比方說，我可能會和我覺得有趣的人交朋友，或者可以與我一起運動、喝酒、聽音樂會的人交朋友，因為我喜歡做這些事。

亞里斯多德暗示前面這兩種友誼可能相對短暫。基於歡愉的友誼取決於讓我們感到愉快的事物，而這種喜好可能會改變——尤其在我們年輕的時候。如果我變得對運動沒那麼感興趣，變得喜歡玩牌，我的交友圈可能會隨之發生變化。

亞里斯多德將前面兩種類型的友誼與第三種較為深刻的友誼加以對照。在這種比較深切的友誼中，我們不是因為對方幫助我們獲得想要的事物而喜歡他們。相反地，我們喜歡對方是因為**他們的本質**。我們喜歡他們，是因為我們——基於我們良善的性格——認同他們良善的性格。亞里斯多德認為，由於良好的品格會持續存在，所以這種友誼也會長長久久：

> 因為朋友的本質而祝福對方的人，才是最真正的朋友。他們這樣做是基於天性，而不是基於附帶的條件，因此只要他們保持良善，友誼就會持續長存——而良善本身就是長長久久的。

當然，亞里斯多德不認為這種友誼無法讓人愉快或者沒有用處：它們也辦得到。雖然這種友誼可能不是以歡愉為目的，但它們能夠讓人感到歡愉，而且它們也很有益處。亞里斯多德認為第三種朋友能為你舉起一面鏡子，提供誠實且不隱瞞缺點的回應，進而幫助你成為更好的人。

如果你追求的是最後這種形式的友誼，那麼你必須是一個好人，或者必須變成一個好人，並且尋找其他的好人。努力幫助別人會是一個不錯的起點——也許可以去擔任志工。這種建議聽起來也許老套，但是很有道理：如果你想交朋友，你必須真的「敞開心胸交朋友」。

2 為什麼我的吐司上有一張臉？

從天文學家沙根的演化解釋看錯覺

二〇〇四年，一片吐司以二萬八千美元的價格售出，因為人們認為那片吐司上有張聖母瑪利亞的臉。

有些人真心相信那片吐司是奇蹟。事實上，每年都有各種令人驚訝的現象發生：德蕾莎修女的臉出現在麵包上，耶穌浮現在臥室房門背面，甚至出現在馬蹄蟹的殼上面。我們應該如何解釋這些驚人的現象？

這些所謂的奇蹟現象，都是一種稱為「空想性錯視」的普遍現象。空想性錯視與頭腦隨機察覺到的模糊形狀和聲音有關。好幾個世紀以來，我們尤其容易在偶然中發現臉孔和其他人影。蘇格蘭哲學家大衛．休謨（David Hume）指出：「人類

空想性錯視（Pareidolia）：又稱「空想性錯覺」、「幻想性錯覺」。這個現象指大腦對外界的刺激賦予意義（如在吐司上看到人臉），但實際上僅是錯覺。

傾向於想像所有的事物都與他們自己一樣……所以我們會在月亮上看到人臉、在浮雲上看見軍隊。」

最著名的空想性錯視例子來自火星。二〇〇一年，美國國家航空暨太空總署（NASA）的維京一號軌道衛星在火星上空環繞並且拍攝火星表面的照片。當它經過塞東尼亞區時拍到一張照片，看起來像一張巨大的人形爬蟲類的臉，約有八百英呎高，長度將近兩英哩。

NASA公開那張照片，表示那是一個「巨大的岩石結構……看起來像人類的頭……陰影讓人產生眼睛、鼻子和嘴巴的錯覺」。不過，有些人認為那張「火星上的臉」是火星曾有某種文明存在的證據，並覺得他們可以看出那附近有包括金字塔在內的人造建物，因此得到一個結論：那裡是火星的古文明遺址。但後來其他太空船拍攝的照片揭露了真相，那張「臉」其實只是一座小山，從某個角度照亮時碰巧看起來像人臉。

火星上的臉——就像我們在水果、懸崖、爐火餘燼或雲層中看到的人臉——是兩件事情形成的結果。

首先，我們環境中出現的一些隨機圖案，可能意外地看起來像人臉。這是可以預期的，而且還有一些圖案看起來像狗、馬或耶穌。在微風吹拂的日子裡，如果你仰望白雲，可能會看到各種動物從空中飄過。其次，我們似乎很容易在隨機產生的視覺干擾中看見人臉。一項科學研究做出了以下結論：「我們的研究結果顯示，人類能從整體到細節的構成要素辨識人臉，因此即使最微不足道的人臉相似性，也會被我們解讀為人臉。」

由於這兩種因素的結合，人類會輕易察覺根本不存在的臉孔，包括在那片著名的吐司上。

另外還有聽覺版的空想性錯視。有些人認為，在失諧收音機產生的白噪音中可以聽見死人對我們說話。這種「電子語音現象」曾出現在各種恐怖電影中，是我們天生容易「察覺」到實際上不存在之人類和其他媒介（狗、外星人、鬼魂、仙子或眾神）的另一種傾向。這種傾向被暗示的力量加以放大，因此只要你告訴人們可以從隨機的噪音或倒著播放的唱片中聽見訊息，人們就很有可能「聽見」那些訊息。

那麼，我們要如何解釋這種過度察覺人臉和聲音的傾向呢？美國天文學家卡

電子語音現象（Electronic voice phenomena）：將現場環境（實際上聽不到的聲音）錄起來，然後在播放該錄音時出現一些不能解釋的聲音片段。

爾．沙根（Carl Sagan）在《魔鬼盤據的世界》書中提出的解釋是，這種傾向是我們演化而來的結果。能認得父母臉孔的嬰兒比無法辨識雙親面孔的孩子更有機會贏得父母的心並因此存活長大。能輕易從灌木叢中發現人臉或動物臉孔的人更有機會躲避敵人或肉食動物的攻擊而倖存。我們已經演化成「過度察覺人臉」，因為沒有察覺人臉會大大降低我們生存與繁殖的機會，但「看見」不存在的人臉不會有太高的代價。

無論上述解釋是否正確，我們毫無疑問很容易看見和聽見實際上不存在的臉孔和聲音，前述的那片吐司只是這種特殊傾向的例子之一。

3 我被操控了嗎？

科學家泰勒談洗腦心理學

如果我們想形塑他人的信念，怎麼做才行呢？要讓他人相信某件事，最明顯的方式之一就是提供他們支持那件事的充分論據。

有時候，我們提供的論點是基於證據。如果我想讓你相信地球是圓的，及地球上曾經有恐龍，我可以指出支持這些信念的壓倒性證據，比方說物體在地平線上漸漸消失的方式及恐龍化石。

有時候，我們也可以透過一些數學計算或無實際經驗的意見來證明某種信念是真的。比方說，我可以在信封背面做一些計算，以便向我的朋友證明如果他們家的浴室地板面積為十二英呎乘以十二英呎，那麼他們至少需要一百四十四塊一平方英呎的地磚。

另外，如果我想讓某人相信桌上有一顆柳丁，我可以直接向對方展示這個信念是千真萬確的。假如我伸手一指，說：「你看，桌上有一顆柳丁！」然後對方也看見了，那麼他就會相信桌上有一顆柳丁。

因此，我們可以藉由提供充分的理由和論據來影響別人的信念，也可以直接向他們展示某些事物是真真實實的。然而這些並不是我們影響他人信念的唯一方式，還有許多方法可供我們使用，以下就有六種：

首先，我們可以利用**獎勵和懲罰**。一位慈藹的祖母可能會試著透過以下方式來影響她孫子的信念：當孫子表達出「正確」的信念時，她會認可地露出微笑；當他表達出「錯誤」的信念時，她會皺起眉頭。獎勵和懲罰也可能是殘酷的。在極權主義政權之下，異議分子可能會遭受酷刑與屠殺。

其次，我們可以採用**情緒操控**。比方說，廣告商、邪教組織、宗教團體和政治黨派都傾向於將他們希望你擁有的信念與正面積極且振奮人心的圖像加以連結，並將令人不安和使人恐懼的圖像與他們希望你排斥的信念聯繫在一起。

重複訊息也很有用。有些組織會鼓勵年輕人每天早上複誦關於信念的口號並哼唱信念之歌——例如讚美他們的領袖、他們的政黨、他們的政治制度或者他們的國家。邪教會鼓勵信徒像念咒語般重複誦讀其信仰教條，只要經常複誦某種主張，到最後信念就可能因此紮根。

對資訊的審查和控制也可以用來影響信念。如果你不希望人們抱持某種信念，那麼請確保他們永遠無法聽聞這種信念。透過從圖書館下架書籍、審查報紙內容和阻止異議分子發言，就可能限制人們的信念範疇。

孤立和同儕壓力也是形塑信念的強大機制。邪教通常會試著孤立新進信徒，使他們遠離原本的朋友和家人，並且找真正的信徒將他們團團包圍。同儕壓力在影響信念上扮演非常重要的角色，因為與朋友和家人觀點分歧可能會是一種令人不舒服的經歷，尤其是在政治與宗教方面的意見不合。

你可以運用的第六種工具，是令人不適的**不確定感**，尤其是人在面對與愛情、性、死亡及做重大決定等議題時。我們不確定應該做什麼的時候就會感到苦惱，這種不舒服的感覺經常被邪教和政權拿來利用。他們經常會提供生活與信仰方面令人安心的祕訣，並包裝成必然的鐵律。他們還會警告你，如果你走出他們那個充滿確定性的魔法圈，就會陷入混亂和黑暗。

在某種程度上，我們都會使用這六種機制左右他人的信念。比方說，父母習慣用這些機制形塑孩子的信念。他們為孩子尋找「正確」的同儕團體，並且設置障礙以阻止孩子和抱持「錯誤」信念的年輕人交朋友。有些父母還可能會鼓勵孩子複誦效忠誓詞、童軍諾言或主禱文之類的話語。他們經常勸誘孩子以特定方式行事並且相信某些事物：上帝，或美國夢，或是平等權利，或者是民主，又或是任何可能的東西。廣告業者也藉由這些機制形塑我們應該購買哪些東西的信念。廣告通常具有情感操控的特性，而且會不斷地重複、提供各種誘因，以及透過高度選擇性來提供資訊。

那麼，我們什麼時候會犯下操控他人的罪行呢？我認為，當我們在一定程度上強烈依賴這六種機制來形塑他人的信念而非透過理性勸說時，我們就是在操控他人了。這裡有一項關於這些機制的有趣事實：**無論你試圖灌輸給別人的信念是真是假，這些機制都同樣有效**。審查和控制、情緒操控、重複訊息等等，無論你想讓人相信月球是由岩石和塵土組成的，或者月球是起司製成的，都會同樣地有效。政權和宗教已經利用這些機制使人們相信無數的謊言。

另一方面，透過理性勸說來向他人表達訴求，其吸引人之處在於它有助於傳達真理。你可以嘗試構建一個有科學根據的健全論點來主張月亮是起司製成的，或者主張你家的花園底下住著小仙子。但你會發覺這麼做很困難，因為這些論點都不是真實的。當然，就算凡事都以理性進行勸說，也不見得能保證你最後相信的事物都是真的，但假如你以理性審查各項主張，比較有機會相信真理。

與我們上面討論的六種手段不同，理性勸說沒有辦法引導「學生」接受「老師」的信念，相反地，這麼做只會擁護真理。因此，如果你冒險透過理性來說服學生，你的學生可能會以理性證明你是錯的，這種情況是一些所謂的「教育家」不願承擔的風險。

嚴重依賴這六種機制而排除理性論證是壞事，這會使我們的信念變得容易被影響，但不是受真理的影響，而是受那些使用上述機制之人的怪念頭給影響。這些機制甚至相當於洗腦。根據神經科學家、也是《洗腦心理學》（*Brainwashing: The science of Thought Control*）一書的作者凱薩琳・泰勒（Kathleen Taylor）的見解：

> 洗腦的一項顯著事實是它的一致性。無論戰俘營、邪教總部或激進的教派，都是不斷使用五種核心手段：孤立、控制、加深不確定感、重複訊息和情緒操控。

如果我們想避免受人操弄，就必須能夠察覺別人何時對我們使出這些手段。令人遺憾的是，這並不容易做到。情緒操控和同儕壓力很容易在不知不覺中對我們施展魔咒。我也許認為自己相信平等權利，因為我認同支持平等權利論據的理性力量，但我會不會只是屈服於複誦、情緒操控和同儕壓力呢？當然，如果我對高度崇尚自由的朋友和家人說，我認為男性應該比女性擁有更多權利，他們可能會對我皺眉，並且與我疏遠。

那麼，為什麼我會相信自己所做的事呢？為什麼你要相信自己做的事？我們到底有多理性呢？也許我們比自己想像中的還要更像邪教徒也說不定。

4 真的有鬼嗎？

柏拉圖談我們的靈魂

鬼魂通常被認為是已逝之人或死去動物的靈魂或幽靈，而它們可以出現在活人面前。人們對於鬼魂的信仰相當普遍，在二〇一三年的某項民意調查發現，百分之五十七的美國公民相信有鬼，而且與捉鬼有關的電視節目非常受歡迎。

有時候我們會「看見」鬼魂，有時候鬼魂會透過敲門聲、碰撞聲、虛幻的聲音、怪異的寒冷地點或氣味，以及會自行移動的物體來現形。現代人會使用科學技術來捉鬼，他們利用電磁場探測器、紅外線攝影機、高靈敏度麥克風和其他設備，試圖揭露亡靈的存在。

人類相信鬼魂已有長久的歷史。古希臘哲學家柏拉圖（Plato）相信鬼魂的存在，他相信我們每一個人都是不朽的、非物質的存在。當我們迎來死亡，我們永存的靈魂應該回到其所歸屬的非物質無形世界，並且在那裡享受幸福與快樂（請參見第四十五章〈人生還有更重要的事情嗎？〉）。然而，如果我們太喜歡自己的身體及肉身獲得的歡愉，可能會導致我們躊躇不前，結果使我們變得有形。柏拉圖認為這種靈魂將會：

> 變得沉重，因為害怕不被人看見且害怕冥府，因而被拉回到有形的世界。據說這種靈魂會在墳墓和墓碑旁徘徊，其產生的幽暗幻影也將會被人看見。未被釋放及未被淨化的靈魂將會變得有形，因此被人看見。

並非所有的鬼魂都來自人類。聽說位於我老家牛津市那邊的聖艾貝街，有一間「黑鼓手旅館」長年被豬的鬼魂糾纏。那隻豬會發出尖叫聲、咬破袋子，還會攻擊走進房間的人的雙腳。據稱最後是當地一位「智者」從那間旅館裡移走一具「屍體」並加以摧毀，那隻豬的鬼魂才終於被驅離。

那麼，亡靈會出現在我們之中嗎？這方面並沒有特別有力的證據。儘管人類經過數十年的搜尋並使用照相機、錄音機、運動位移感測器及其他各種小型設備，迄今尚無人能提供令人信服的證據來證明鬼魂的存在。事實上，關於鬼魂的證據幾乎完全是軼事：都是來自目擊者的第一手記述，而且眾人皆知那些記述並不可靠。我們都知道人類有看見幻象的特殊傾向——尤其是看起來像人類的事物——其實根本什麼都沒有，因此不難理解為什麼會有那麼多關於見鬼的例子，即使鬼魂不存在。

根據我們對人類的了解，哪些事讓我們應該對鬼故事抱持懷疑的態度？

首先，人類容易有空想性錯視（我在第二章〈為什麼我的吐司上有一張臉？〉曾討論過），這是一種模糊且隨機感知形狀與聲音的傾向。我們很容易「看到」和「聽到」我們認為是其他媒介的東西——例如其他的人類、動物或外星人——但其實並非如此。我們可以輕易地從隨機飄過的雲、木門上的紋理或卡布奇諾的奶泡「看到」一張臉，也可以很容易在失諧收音機發出的嘶嘶白噪音中「聽到」聲音。因此，有些人表示自己能在沒有活人的情況下看見鬼臉或聽見怪聲，其實不太令人驚訝——即使根本沒有鬼魂存在。

其次，我們人類非常容易受暗示的力量影響，尤其在涉及鬼怪事物的時候，特別是如果我們已經相信有鬼。在一項實驗中，那些被告知參加一場降靈會的受試者，如果原本就已相信超自然，就更可能相信「靈媒」說桌子自己動了起來的錯誤暗示，即使桌子實際上沒有移動。大約五分之一的受試者認為他們目睹了真正的超自然現象，但其實什麼事都沒發生，除了實驗者向他們暗示物體自己移動了。倘若那些目擊者在實驗結束後沒有被告知真相，其中的許多人肯定會告訴別人他們親眼看見了真正的超自然現象，儘管什麼事情都沒發生。這就是暗示的力量。

即使鬼魂不存在，我們仍可能聽到所謂的「真實鬼故事」的第三個原因，是有些人故意假造證據。早在一八四〇年代，知名的靈媒福克斯姊妹就透過公開的降靈會吸引大量觀眾。據說她們在降靈會上能與逝者的靈魂進行溝通，死人則透過敲擊和拍打所發出的聲音來回答問題。後來，福克斯姊妹中的瑪格麗特承認她用腳趾和雙腿發出聲音偽造死者的訊息。即使不涉及蓄意欺詐，我們仍可能不經意地編造或美化鬼故事，有時候是透過刻意遺漏一些關鍵性的細節。在某一集的捉鬼電視節目中，有人在黑暗的地下室聽見並錄下「打噴嚏」的聲音。後來調查人員發現所謂的「噴噓」聲，其實是由能夠感應物體移動的自動空氣清淨機發出來的，並不是鬼魂。然而最後播出的節目內容沒有說明真相，好讓那集節目顯得更加刺激精采。

但是很顯然，指稱鬼魂存在的證據不夠有力、或者沒有人真正見過鬼，都無法證明鬼魂**不是**真的。也許真的有鬼。不過我們關於鬼魂的大多數證據都是基於我們都可以預期的證詞和體驗，因此無論是否真的有鬼存在，保持懷疑才是明智之舉。

5 我正常嗎？

從洛克談字詞意義的爭論看「正常」

人們問「我正常嗎？」的時候，他們通常是在尋求安慰。他們的意思是：我是正常的嗎？還是我有某些需要解決的問題？比方說，他們可能會問：像我一樣覺得正確拼字很困難，或者像我一樣對性充滿興趣或不感興趣，或者某個部位長出毛髮，這些是正常的嗎？

確認自己正常——不是怪胎——會讓人感到欣慰。然而，有時候你真的想聽到的是你不正常。你寧可得知自己有某種健康問題、學習問題或其他狀況，以便解釋你所遭遇的困難。比方說，對於那些在閱讀和寫作方面飽受挫折的人而言，發現他們面臨的困境是不正常的、其實是他們有閱讀障礙的問題，可能會讓他們感覺如釋重負。

我們甚至會幻想自己「不正常」，尤其在青少年時期。沒錯，我們希望在外表上看起來「正常」，這樣我們才能融入人群，以免被挑剔或被霸凌。我們在求學期間尤其如此。與此同時，我們也經常想像自己不正常，例如擁有超能力，或者其實是吸血鬼、狼人或祕密皇室成員。

然而，「正常」究竟是什麼意思？

在大多情況下，我們可以不假思索地使用詞彙，並對自己或別人使用字詞的意義毫不懷疑，可是一旦我們問了「但這個詞到底是什麼意思？」就會立刻顯現出哲學的深度，詢問「正常」這個詞的意思就是一個很好的例子。以下我們就試著找出這個詞彙的確切意涵，並且討論可能遇上的難題。

當我們說某人很正常時，其中一個明顯的意思是說對方相當普通或者和多數人沒有兩樣。當然，平凡或普通的事物通常會被認為是正常的。比方說，人類的正常體溫就是多數人的體溫，平均值為攝氏三十六點九度（華氏九十八點四度），而人類的正常智商就是與平均值沒有顯著差異的智商。

儘管如此，對於「正常」的定義，難道沒有明顯的反例嗎？我們以紅髮為例，紅髮對於人類而言是完全正常的——而且是自然的。可是紅髮也相當少見，因為只有不到百分之二的人有一頭紅髮。

通常，當有人問「這正常嗎？」，我們應該問：「**對什麼而言？**」脖子和雙腿一樣長，這正常嗎？對長頸鹿而言，是的，這很正常。但是對哺乳類動物而言呢？也許不正常，雖然長頸鹿也是一種哺乳動物。紅髮正常嗎？對蘇格蘭人而言當然正常，對人類而言可能也很正常，但是對具有中國血統的人而言呢？可能就不正常。即使已經具體指明相關的群體，我們對於是否屬於正常仍可能存有相當大的意見分歧。如果我屬於百分之十的少數人，我正常嗎？百分之一呢？百分之零點零一呢？我們將正常定義為「與平均值或多數人無明顯差異」也許是正確的，但身為百分之二的少數並不能算是不正常。

討論紅髮是否正常，另一種方法是切換到不同的定義。我們似乎也會用「正常」來表示「自然」或「天生」的意思。你去理髮店可能會被問「這是你的正常髮色嗎？」美髮師的意思可能是：「這是你平常的髮色嗎？是你大部分時候的髮色嗎？（你是否染過頭髮？）」然而，美髮師的意思也可能是：「這是你自然的髮色嗎？（或者是染的？）」雖然擁有紅髮對人類而言並不尋常，但紅髮仍是人類的天然髮色，不像人工的亮紫色。因此，如果正常被定義為**自然天生的**，那麼紅髮對人類而言是正常的，儘管不太常見。

「正常」也可以套用在其他方面，有時候這個詞彙被用來表示「事情**應該**是什麼樣子」。以有兩顆頭的小牛為例，我們可以說這樣的小牛是「不正常」的。透過這種用法，我們的意思可能不僅表示這樣的小牛不尋常——牠們確實非比尋常——而且根據生物學上的設計，也不是小牛應該要有的樣子（當然，我只是鬆散地使用「生物學上的設計」來形容，而非表示應該會有什麼聰明的造物主來設計生物）。擁有兩顆頭的小牛是畸形的，牠未能依照應該要有的方式發育。假如擁有兩顆頭的小牛比較常見——比方說，如果牠們占了所有小牛的百分之二——我懷疑多數人仍然會說牠們「不正常」。

請注意：兩顆頭的小牛偶爾會自然誕生，因此就我們提到的第二種意義而言，這種小牛是正常的，因為牠們是天生的，就像紅髮的人類一樣，不過就我們的第三種意義而言，牠們並不正常。

順道一提（也請特別注意）：依照生物學上的設計而擁有應該要有的樣子不一定是好事，偏離生物學上的設計也不見得就是壞事。假如事實證明，人類因為演化而變得高度自私和暴力，那麼自私和暴力就是我們人類在生物學上的設計，就好比擁有一顆頭是小牛在生物學上的設計。但如果把人類培養得慷慨又和平，就等於阻撓了這樣的生物設計，可是把人類培養成慷慨又和平可能是一件非常好的事！

現在讓我們回歸到最初的問題：「我正常嗎？」問這個問題的人可能是想問：「**就統計上而言**，我是一個正常的人類嗎？」或者他們可能想問：「我這樣是**天生的**嗎？」或者他們可能想問：「依照某種生物學上的設計（無論是大自然的設計或者上帝的計畫，倘若提問者相信上帝），這是我**應該要有**的樣子嗎？」根據這個詞彙不同的意義，我們會得到不同的答案。

這就是哲學能提供實用幫助的例子。哲學可以幫助我們更了解我們真正想問的問題。正如英國哲學家約翰・洛克（John Locke）所言，人們使用相同的詞彙卻表達不同的意涵，這會引起很大的爭議：

我們看看各種引起爭議的書籍，會發現含糊、搖擺或模稜兩可的措辭只會導致喧鬧與爭吵，無法說服或改善他人的理解。如果說話者和聽話者未能在詞彙的意義上取得共識，那麼他們所爭執的就與事物無關，而是在於詞彙。

確實，在經過仔細研究之後，關於什麼才算「正常」的爭議，往往是人們以不同方式使用「正常」這個詞彙的結果。

6 我會下地獄嗎？

跟著聖奧古斯丁了解地獄與正義

我偶爾會收到一種電子郵件，那種信件內容寫著如果我轉寄給十個朋友，就能因此得到好運，如果不轉寄則會倒大楣。這類電子郵件的內容通常還會提到未轉寄之人遭受可怕命運的故事。雖然我總是立刻將那種郵件丟進垃圾信箱，但仍好奇它們為什麼能夠有效地繼續傳遞。雖然我們對那種電子郵件的威脅利誘抱持懷疑的態度，但可能也會認為那種威逼利誘非常可怕，不值得我們冒險輕忽，畢竟沒有人願意犯被厄運詛咒的風險。

傳統的基督教提供了更令人印象深刻的軟硬兼施的策略：只要誠心相信耶穌基督，你就可以得到永生；但如果不這樣做，你將會永遠受到詛咒。

根據傳統的理解，地獄確實讓人感到不愉快。羅馬帝國神學家希波的聖奧古斯丁（St. Augustine of Hippo）在仔細研究新約聖經的諸多經文之後，認為地獄依照字面上的解釋是一座火湖，受到詛咒之人將在那裡經歷永遠的折磨。如果你好奇為什麼人在火湖裡遭到焚燒卻不會被燒成灰，聖奧古斯丁的解釋是上帝會施展奇蹟，讓你的身體完好無損，以便持續遭受火燒之苦：

> ……由於全能造物主施展奇蹟，受詛咒之人會被火燒而不被吞噬、受盡苦難但不會死去。

不是所有的基督教思想家都以這種自然科學的術語來理解地獄。有些人將地獄解釋為上帝的缺席。有些人雖不否認地獄是人類最糟糕的體驗，但認為地獄的折磨在於心理層面而非肉體層面。其他的宗教也假設在墳墓之外還有一個施行懲罰的地方，例如伊斯蘭教便將地獄稱為「火獄」，儘管穆斯林學者對於作惡之人會不會永遠困那裡抱持不同的見解。

火獄（Jahannam）：伊斯蘭教的地獄，外型為由寬至窄的漏斗狀，將人和石頭作為火焰的燃料。用以懲罰惡人。

那麼，你會下地獄嗎？如果答案是肯定的，為什麼？

傳統的基督教觀點認為，那些不信奉基督教的人會被困在地獄裡。如果你在死前不相信上帝及耶穌提供的救贖——假如你聽說過這些事——那麼你就會被打入地獄。宗教信仰是遠離地獄的唯一方法。

天堂和地獄為信仰提供了非凡的誘因。從字面上來看，沒有比天堂更好的獎賞，也沒有比地獄更糟的懲罰。

當然，相信天堂和地獄與相信上帝息息相關，而且理由也顯而易見。如果你相信上帝，你就會相信上帝崇高的正義與慈愛的神性。雖然這種上帝肯定不會容忍虐待及殺害兒童的壞人沒有受到公正的懲罰，但受害的孩子已經永遠消失了，永遠沒有機會從傷害他或她的壞人那裡得到補償。因此，如果你相信上帝，就無可避免地會相信讓這種不公平得到糾正的來世。地獄也許很可怕，但是根據基督教哲學家威廉・萊恩・克雷格（William Lane Craig）的說法，它的存在是公正的，而且確實是有益的：

從基督徒的觀點來看，地獄其實是有益的，因為讓那些被打入地獄的人受苦是正義的事。地獄的宗旨就是上帝的正義戰勝邪惡的終極勝利，並且向我們保證：我們活在一個正義終將獲得勝利的道德世界裡。

然而另一方面，地獄的概念讓許多基督徒覺得不公平，這也許就是為什麼民意調查的結果顯示相信天堂的美國公民比相信地獄的人多出許多。

人們對於地獄的正義有明顯的擔憂。無限的懲罰——永無止境、難以忍受的折磨——怎麼可能是對我們罪孽的適當懲罰呢？懲罰應該與罪行比例相稱，並且適合我們與所犯的罪。我們在人生中犯下的過錯終究是有限的，無論我們犯過多少罪行，罪孽總是有可能再更多，那為什麼無限的懲罰會是罪有應得？

義大利神學家聖安瑟莫（St. Anselm）同意上帝的正義應該與受罰的罪行相稱：「上帝認為贖罪應該與過錯比例相稱。」不過，聖安瑟莫也認為我們的罪孽是無限的。我們違抗上帝的時候，就是違抗無限偉大的神，因而犯下無限重大之罪。對上帝的任何不服從，無論多麼輕微，即使只是吃了某些上帝命令我們不可食用的東西,都應該受到地獄無限的懲罰。

這聽起來可能很荒謬。至於那些還沒來得及違背上帝旨意就死掉的嬰兒呢?他們應該下地獄嗎?那些由於認知障礙而無法理解上帝或是非觀念的人呢?他們不可能故意違背上帝,既然如此,他們為什麼應該下地獄?

根據聖奧古斯丁的說法,他們還是得下地獄。所有人生來就是罪人,因為亞當與夏娃違背了上帝,而我們繼承了他們的原罪。因此,即使我們今生沒有犯罪,我們仍應該下地獄。

關於天堂和地獄最令人不安的問題之一,也許是當好人知道他們所愛之人永遠承受著難忍的痛苦時,如何還能在天堂滿足地安息?事實上,有些神學家認為,上天堂的樂趣之一就是知悉——並且眼睜睜看著——下地獄的人受苦。美國新教傳教士和哲學家喬納森・愛德華茲(Jonathan Edwards)寫道:

> 當聖徒們身處榮耀時……也應該要看看他們的同胞多麼悲慘。他們原本應該與那些人處境相同。當他們看見包圍著受苦同胞的煙霧與燃燒著受苦同胞的烈

焰、聽見受苦同胞因痛楚而發出的尖叫與嚎哭時，會認為自己（聖徒們）正處於最歡樂無憂的狀態，而且將永遠如此。他們將感到多麼欣喜！

不過，肯定沒有哪個父母在得知自己的孩子將永遠在地獄中受苦時還能在天堂裡沾沾自喜。那麼，上帝會消除父母對他們所愛之人的記憶嗎？上帝會不會使他們對於後代飽受折磨之事一無所知？但讓我們變得無知聽起來又不太像上帝會做的事。

雖然無限正義的想法深具吸引力，但我們不清楚想像中的天堂與地獄是否真的能傳達無限正義的理念。事實上，天堂與地獄對於我們許多人而言——包括我自己——都是非常**不公平的**。怎麼可能會有一個充滿正義與慈愛的上帝會因為你不相信祂就要你下地獄？

7 為什麼要生孩子？

叔本華與貝納塔的反生殖主義

人們有很多想要孩子的理由。有些原因是完全無私的：我們想把新的人類帶到這世界，好讓他們有機會感受各種歡愉與成就。看著孩子在公園裡快樂地玩耍，你可能會想：「誰不想創造出更多孩子呢？」我們認為人類很好，所以必須繁衍後代，人類才能繼續存在。因此，生孩子是好事！

當然，有些人生孩子是因為自私的理由：有些人認為除非生育下一代，否則自己的人生就不完整。還有些人生孩子是為了自己的晚年，因為子孫能在我們老年時陪伴我們，給予我們安全感。

儘管如此，雖然幾乎人人都認為生孩子是好事，但這真的就是好事嗎？你知道，當幾乎所有人都認為某件事是真理時，哲學家一定會提出質疑，或許還會提出一個看起來極具說服力的例子來假設那件事並非真理。德國哲學家亞瑟．叔本華（Arthur Schopenhauer）認為人類的存在比較像是一種負擔，而不是祝福。因此他提出一個結論，指出生育是非理性的：

> 如果我們完全理性地思考生育下一代這件事，人類還會繼續存在嗎？難道我們不願意將賦予後代的同情心分給已經生存在這世界上的人，以免除他們的重擔，或者至少不要冷酷地將負擔強加諸他們身上？

其實這種「反生殖主義」的觀點——認為我們不應該生孩子的觀點——早在叔本華提出來之前就已經存在了，甚至在舊約聖經裡就有「人類最好不要出生」的觀點：

> 我羨慕那些已經死去的人，他們比活著的人幸福多了。不過，那些尚未出生、

反生殖主義（Antinatalism）：又名「反出生主義」，主張人們應避免生育孩子，因為生殖行為是不道德的。代表哲學家有叔本華、大衛．貝納塔等。

還未看過這世上種種不公平的人，比上述兩種人更為幸運。

為回應叔本華認為生命是負擔而非祝福的看法，我們可以指出：事實上，自從聖經時代以來，世界各地的人們在生活品質上都有顯著的改善。我們人生中最害怕的事情之一就是遭受痛苦，然而，如前所述，我們正在學習控制自己的痛苦。這種改進毫無疑問地將會持續下去，因此叔本華所謂的「存在的重擔」也將會持續減少。

但南非哲學家大衛．貝納塔（David Benatar）拒絕上述這種樂觀的看法。他在《生兒為人是何苦：出生在世的傷害》一書中表示，出生在世永遠是一種嚴重的傷害，生孩子也永遠是一種錯誤的決定。他並非建議人們絕對不要生孩子，而是認為不生孩子會是更好的選擇。不過貝納塔也承認，由於人類有生育下一代的生理衝動，很少人會同意他的觀點。

根據貝納塔的看法，雖然人類來到這世界不全然都在受苦，但是人生已經夠糟了，我們應該避免製造更多痛苦。他認為，壞事永遠比好事還多，而且最糟糕的痛楚會大於最美好的歡愉。貝納塔說：「如果你質疑這一點，不妨問問自己——誠實地問問自己——你是否願意接受一分鐘最可怕的折磨來換取一、兩分鐘最美好的喜悅。」痛苦往往也比歡樂持久。性愛的興奮或佳餚的美味都只是短暫的歡樂，而痛苦卻可以持續數月、數年甚至一輩子。貝納塔還指出我們人類永遠無法知足。舉例來說，當我們三餐無虞時，自然就會開始專注於下一個欲望，等到這個欲望滿足了，又會轉向另一個欲望。我們的人生會永不停止地奮鬥，永遠無法有持久的滿足。

我們多數人都想生孩子。對許多人而言，這樣的衝動十分強大，甚至難以抗拒。然而，只因為我們想要這麼做並不代表這麼做是對的。就像許多哲學家一樣，貝納塔向我們提出的問題不僅難以回答而且令人不自在。

8 我會死嗎？

向伊比鳩魯和盧克萊修學習直面死亡

是的，你當然會死。但這是壞事嗎？

我們大多數人都認為死亡是壞事，因為死亡剝奪了我們的未來，也奪走我們追求所愛及從事所好的能力。死亡怎麼可能不是壞事，甚至是可怕的事呢？

事實上，並非所有的哲學家都同意死亡是嚇人的。古希臘哲學家伊比鳩魯認為，無論死亡何時到來，我們都不應該害怕：

為什麼我要害怕死亡？
如果我還存在，那麼死亡就不存在。

如果死亡存在，那麼我就不存在。
為什麼我要害怕只有我不存在時才會存在的東西？

羅馬哲學家盧克萊修（Lucretius）同意伊比鳩魯的觀點，他認為我們死去時並不會經歷死亡，因為我們根本不存在了。盧克萊修也提醒我們，在我們出生之前，我們很長一段時間不存在。早在我們誕生以前，宇宙在沒有我們的情況下已存在數十億年，這樣的宇宙也沒有什麼可怕的。既然如此，我們將來不存在的時候，又有什麼好害怕的呢？

然而，大多數人對這種見解仍無法完全感到安心。死亡似乎確實很可怕，尤其對年輕人而言。我們對事業、孩子、旅行等事物的渴望，都將因此受到阻撓，我們的各種潛力也將無從發揮。那些英年早逝之人，無疑都被剝奪了珍貴的事物。

如果延後死亡是個好點子，那麼你可以做一些事來延長壽命，例如戒菸和健康飲食。隨著科技發展，你還有更多延年益壽的方法。有些人認為，我們最終將可以**完全停止老化的過程**。我們認為衰老在很大程度上是身體裡的細胞與分子隨著時間受損的結果，這種損壞原則上是可以修復的。當科技和醫學日益進步，我們認為年老會造成的影響可能完全避免。只要我們願意，就能夠以二十歲的年輕身體永遠活下去——除非有衰老以外的原因導致我們死亡，因為我們當然還是有可能被公車撞到、跌落懸崖或染上致命的疾病。先進的抗老科技或許無法讓我們獲得永生，但可以讓我們不會隨著時間「變老」。

另一種避免死亡的方法是將你的身體冷凍起來，等到科學發展出能解決各種可能害死你的事物並且讓你復活的本領時，你就可以重新活過來。這稱為「人體冷凍技術」，這種技術讓人產生一種想法：你之所以是你，在於你的身體結構，尤其是**你的大腦**。如果你的大腦在你死後能妥善保存，你就可以復活。

被完整凍結的生物可以恢復生機。我十幾歲的時候在冷凍庫裡放了一些釣魚用的蛆。當我把那些蛆從冷凍庫拿出來時，牠們被冰成了硬塊，可是解凍之後牠們又開始蠕動。假如蛆可以凍成冰塊又復活，人類為什麼不能？不幸的是，人類的身體複雜得多，冷凍會讓我們死去。透過人體冷凍技術所保存的人類如果想要復活，必須先修復冷凍對我們身體造成的傷害。

但或許沒有必要保留你的身體？有些人認為我們的身分可以上傳，就像我們可以將電腦檔案上傳至隨身碟，然後再將其下載到另外一台電腦，無須將任何實體檔案從一台電腦移動到另一台。因此，這些人認為人類基本上也可以上傳到不同的身體裡。如果你之所以是你，在於你的大腦和神經系統的設定，為什麼我們不能將你大腦裡目前所有的必要資訊上傳，然後再下載到新的大腦，進而將你從一個大腦轉移到另一個大腦呢？事實上，為什麼我們不把你下載到機器人的電子大腦中呢？透過這種方法，我們可以變成永遠不朽的「電子人」。

經由上傳以實現永生的可能性，是名為「二〇四五年倡議」（2045 Initiative）的組織所設定的目標之一。但是這也衍生出另一個問題：上傳的內容是真正的你，還是你的副本？

假設我就快要死了，然後我發現我的大腦被掃描，一個電子版的「我」被上傳並下載到一個全新的身體，那個身體將會繼續存活。這對我而言無法帶來任何安慰，因為繼續活著的那個人並不是我，只是一個像我的人。我依然會死去。如果真是如此，或許我的肉身也需要復活，我才算是繼續活著，不能僅有上傳的副本繼續存在。

假如後代子孫能讓我們在死後復生，他們應該這麼做嗎？如果我們做得到的話，我們應該讓一個西元一世紀的中國牧羊人復活嗎？對我們而言，這可能是一次有趣的相遇，但是對那個已逝的牧羊人來說，這可能是一次困惑的經歷，也許還非常可怕，因為他所知的人生早已結束，他還可能會發現自己無法適應我們現代的生活。無論是對復活者、或被復活者而言，使死去已久的人復活可能沒有什麼明顯的好處。

儘管如此，這些道德問題在這裡有很大程度上是學術問題。事實上，無論你我，每個人都將會死去，畢竟這就是我們的命運。逃避死亡目前還不是一項選擇。

9 為什麼我無法享受人生？

亞里斯多德的至福人生與萊亞德的幸福經濟學

快樂是難以捉摸的，我們必須努力才能獲得快樂，而且似乎很難得能夠真正能擁有。事實上，我們愈努力想得到快樂，快樂似乎就愈快速地從我們的視野中退去。

假如我們不確定自己想追求的什麼，快樂就會格外難以實現。所以，快樂到底是什麼呢？

思考快樂為何物的一個明顯方式是我們的**主觀感受**。英國經濟學家理查・萊亞德（Richard Layard）是研究快樂的先驅，他用「感覺良好」來定義快樂：想要快樂就是想要感覺良好，並且持續這種良好的感覺。

但這只是快樂的其中一種概念。根據古希臘哲學家亞里斯多德的說法，真正的快樂，或者**至福**，其實根本不是主觀上的感覺。相反地，它與「完整的人生」（a complete lifetime）有關。亞里斯多德在他的《尼科馬哥倫理學》中提到，快樂的人就是擁有美德及品格良好的人：

> 人的良善就是順從其卓越的美德，積極發揮其才能與本領……他必須一輩子都這麼做，因為春天不是由一隻燕子或一個晴朗的日子造就而成的，一個人至高無上的喜悅與快樂也無法憑靠一時或短暫的快樂獲得。

對現代人而言，亞里斯多德思考快樂的方式聽起來可能很奇怪，我們大都不再將快樂和道德連結在一起。事實上，現在大多數人都與亞里斯多德不同，他們認為即使是壞人也可以感到快樂。

許多現代的宗教人士確實仍將快樂和道德彼此連結，但他們有別於亞里斯多德，傾向認為快樂不是道德生活的特徵，而是結果。好人這輩子不一定會快樂，可

至福（Eudaimonia）：亞里斯多德在《尼科馬哥倫理學》中刻畫出「好的人生」。「eudaimonia」此一古希臘單字的翻譯至今仍有分歧，或譯「幸福」。

能要等晚一點才能得到獎勵：等到他們上天堂之後。從歷史來看，許多基督徒在這輩子刻意受苦，因為希望下輩子得到快樂。他們剝奪自己的歡愉，懲罰自己，甚至自殘。

有一些憤世嫉俗的人認為，人們採取各種行為的動機都是為了增添自己的快樂，毫無例外。根據「心理利己主義者」的說法，捐款給慈善團體的人並不值得稱讚，因為那些慷慨捐款之人只是為了讓自己感覺良好，例如為了獲得一種比別人更神聖的優越感。沒有人會無私地付出，每個人永遠都別有用心。

事實上，心理利己主義者的說法不合情理。雖然有些人捐錢給慈善團體確實是為了讓自己感覺良好，但假設有一種神奇的藥丸，服用後會產生一種強烈的錯覺：即使你沒有捐款給慈善團體，也會誤以為自己已經這麼做。如果可以選擇真的捐款給慈善團體或者服用這種神奇藥丸並把現金留在口袋裡，你會選擇怎麼做？事實是，幾乎每個人都會選擇捐款給慈善團體，而非讓自己覺得已經這麼做了。假如心理利己主義者是對的，這種選擇就不合理。雖然幫助別人顯然可以讓我們感覺良好，但那通常不是我們選擇助人的理由。

心理利己主義（Psychological egoism）：根據心理利己主義，人的行為動機總是利己且自私的，即使是看似利他的行為也是如此。

這裡有另外一個質疑快樂（也就是「感覺良好」）對我們最重要的理由。假設有一種機器可以產生出任何主觀體驗，你只要連接到那台機器，它就能模擬出所有你希望的事物。你可以體驗攀登聖母峰或者在月球上行走，也可以放縱自己最瘋狂的幻想，例如現場聆聽貝多芬彈鋼琴或與你最欣賞的明星發生性行為。那台機器產生的體驗與真實的體驗沒有什麼差別。

你可能會想試一試那台機器的功能——我自己當然也很想。但假設你有機會在那台機器創造的虛擬世界度過一生，完全沉浸在那種虛擬世界而且不會意識到自己經歷的事物並非真實，你願意接受嗎？

我想應該不會有人願意吧？沒錯，我們都希望感覺良好，但有些事物對我們而言更重要。活在完全精心安排的虛擬世界就不會有任何真正的朋友，也不會有任何真正的人際關係，還會缺乏我們許多人渴望的真實成就（例如真的攀登聖母峰）。我們大多想要過**真真實實**的生活。在虛擬世界度過一生的人可能在主觀上能心滿意足，但如果他們在臨終前被告知自己所經歷的一切都只是幻覺——他們沒有交過真正的朋友、沒有人真的關心他們、他們最大的成就都只是騙局——那麼他們可能會開始悲嘆自己浪費了大好人生（我們將在第二十章〈應該永遠以誠實為上策嗎？〉再次討論這一點）。

雖然「感覺良好」對我們來說並不是最要緊的事，但是仍然非常重要。那麼，我們該如何提升快樂的感覺呢？愈來愈多證據顯示：快樂（感覺良好）其實非常簡單。也有愈來愈多人支持以下七種讓自己更快樂的方法：

1. **建立良好的人際關係**。我們信任的親友和家人提供我們支持的網絡，並且對我們的快樂程度產生顯著的影響。請注意，我們擁有的朋友人數多寡並不重要，重要的是這些人際關係的品質。如果我們與快樂的人成為親密的朋友，對我們的快樂就會有更明顯的效果。
2. **擁有合理的收入很重要**。如果你每天都擔心付不出帳單，恐怕很難覺得快樂。研究顯示，我們的寧靜與安康會隨著收入的增加而提升，直到年收入達到七萬五千美元左右（取決於你的生活開銷）。年收入超過這個數字之後，收入的進一步增加——甚至中樂透那種程度的增長——對我們的快樂就沒有持久的影響。

3. **停下來聞一聞玫瑰的香味**。花時間專注於此時此刻——有時候這也被稱為「覺察」（mindfulness）——可以改善我們感受力。因此，請每隔一、兩天就找時間看看天空飄過的雲、吃飯時細細品味各種食物的味道、每天花幾分鐘的時間專注於呼吸。

4. **善良且慷慨**。幫助他人能有效改善我們的感受。給予別人正面的評價、幫助別人感覺良好、花時間擔任志工以及花錢在別人身上都有助於讓我們更加快樂。

5. **不要把錢花在購買更多東西——汽車、手表、衣服、電腦等——而應該花在體驗新的事物**。說來可悲，我們從購物獲得的快樂其實很短暫。去旅行和冒險、與朋友共享美味佳餚、參加精采的音樂會或慶祝派對，都是找到快樂更有效的花錢方式。

6. **運動**。我們都知道，規律的運動習慣有助於改善我們的情緒。

7. **心存感激**。每天花一點時間專注在生活中的美好事物上——也許可以寫在

日記裡或與朋友、家人分享——將有益於提升你的快樂。（更多資訊請參閱第二十八章〈為什麼我不珍惜擁有的一切？〉）

10 我是種族主義者嗎？

哲學家楊西談隱性偏見

我們經常聽見有人說：「我不是種族主義者，可是……」然後那個人會接著說出一大堆充滿種族歧視的話。我們會不會也在不知不覺中變成種族主義者？我們會不會在無意識中懷有偏見？

種族主義是一種偏執形式，基於種族而對他人產生偏見和不公正的歧視。我們經常會依據個人認知的種族、宗教、性別及其他差異來劃分界限，然後偏袒與自己同一類的人，種族主義只是其中一個例子。我們人類是部落主義的生物，思考時會區分「內部群體」和「外部群體」。

不幸的是，有一些「偉大」的哲學家都是徹頭徹尾的種族主義者。德國哲學家伊曼紐爾．康德（Immanuel Kant）認為「白人」最接近完美，蘇格蘭哲學家休謨認為其他所有的人種都比不上「白人」。亞里斯多德則表示有些人是「天生的奴隸」，這句話經常被蓄奴的英國白人與美國白人引述。

「內隱聯想測試」是我們可以用來測量種族偏見的一種方法，該測試的目的是改善基於種族、性別和性傾向等原因而對少數族群形成的無意識偏見。舉例來說，關於「種族」的測試會要求你透過按左鍵或右鍵以最快的速度對黑人和白人臉孔及正面和負面詞彙進行排序。你可以在以下網址，或掃描下方Qrcode進行測試：

https://implicit.harvard.edu/implicit/selectatest.html

這項測試背後的寓意是，如果參加測試者本身就已經將黑人與負面特質加以連結，他們就會發現，在測試時把黑人臉孔與負面詞彙連結起來比較容易，因此能夠更快速地做出反應，於是偏見暴露無遺。這幾十年來雖然有意識的種族歧視已經明顯減少，但許多人可能仍懷有隱性的種族偏見，IAT設計的「種族」測試企圖揭示的正是這種無意識的偏見。透過網路接受測試的人，大部分確實會表現出至少一定

內隱聯想測試（Implicit Association test，簡稱IAT）：格林沃爾德（A.G.Greenwald）在一九九八年提出，藉由受測者對概念分類的快速反應，檢視其內隱態度。

程度的偏見。

在另一項令人感到不舒服的測試中，人們看見圖像中有人攜帶某種模糊不清的物品時，很可能會把手機誤認為槍支，而如果攜帶該物品之人與受試者屬於不同族群，受試者很可能就會因此「射殺」攜帶者。該項研究顯示，當我們感受到威脅時——比方在深夜裡，我們往往會懷疑其他族群之人。種族主義似乎至少在一定程度上會因為恐懼而加劇。被逼上絕路和脆弱無助之人更容易有這種傾向。

倘若每個人都會表現出某種程度的種族歧視，那麼將種族主義問題描述為種族主義者與其他人之間的爭鬥就會使人產生誤解，因為這樣的說法會忽略每個人都容易受其影響的事實，並使得有些人因此自以為是，以致未察覺自己其實也懷有種族主義。這樣的看法也會導致我們妖魔化那些與我們具有相同負面特質之人，並將他們視為「外部群體」，即使我們自己沒有將那些負面特質表現得那麼明顯。

美國哲學家喬治・楊西（George Yancy）在他的文章〈親愛的白人美國〉（Dear White America）中巧妙地指出**我們都懷有偏見**的事實——包括楊西他自己——以緩和那些堅信自己不是種族主義者的白人讀者的怒氣。

如果我告訴你我是性別歧視者，你有什麼感覺？呃，我就是性別歧視者。沒錯，我承認，而且這就是我的意思……我懷疑很少男性會承認自己是性別歧視者，而且更少人會願意承認自己的性別歧視確實壓迫了女性。他們當然不可能會像我剛才那樣公開承認。

楊西解釋說他並不想成為性別歧視者，只不過，即使他已經盡了最大的努力，他仍帶有性別歧視的觀念。當他看見性別歧視的問題時，他也沒有提出異議。他說自己經常被自己隱藏的性別歧視「伏擊」，但他不願對自己和別人說謊、謊稱自己沒有性別歧視。

接著，楊西向他的白人讀者們建議：雖然他們可能都有黑人朋友和親戚，不會把所有的事情都怪在黑人頭上，也不會使用「黑鬼」那種字眼罵人，但這些**不代表他們不是種族主義者**。

當你因為身為白人而享受安逸時，我們因為身為黑人和有色人種而遭受痛苦。你的安逸與我們的痛苦息息相關，正如我身為男性的安逸與女性遭受的痛苦息息相關，這種事實使我成為性別歧視者，也使你成為種族主義者。這就是我希望你接受並擁抱的禮物。這是一種被視為禁忌的知識形式。請想像一下，接受這份禮物可能會對你以及這個世界產生多大的影響。

如果楊西是對的，那麼讓白人接受自己是種族主義者，正是處理種族歧視的重要第一步。

雖然人類可能天生就容易具有偏見，但我們之中仍有許多人都會積極檢視自己是否帶有這種偏執，並且盡最大努力與之對抗。我們永遠不可能做到完美，不過仍舊可以做很多事，以便確保我們不會基於非理性的偏見而對「外部群體」做出負面評價。

如果你想阻止其他人成為種族主義者，我不認為對著他們大罵「種族歧視！」會有什麼用處。當然，你可以在譴責他們的同時享受一點義憤填膺的激情，但這麼做不太可能真的改變種族主義者。

毫無疑問，就種族問題進行建設性的對話，比發出憤怒的指控要來得困難，但這麼做有其價值。尤其，現在已經有一項研究證明，透過對話來鼓勵人們牢記他們自己就是偏見的受害者，將可開始減少他們對別人的偏見。讓人們同理那些被他們歧視的人似乎是關鍵重點，而且這看來也不難做到。

11 我有自由意志嗎？

笛卡兒談自由意志與決定論

古希臘人擔心命運。他們認為命運是三位女神，她們用織布機編織出我們人生的繡帷。無論你做什麼、無論什麼事會發生在你身上，都是命中注定的，因為命運已經將你人生線編進歷史的結構裡。就算你想盡辦法逃避命運，也不可能辦得到。事實上，如果你試圖擊敗命運，反而可能會帶來注定發生的事。

英國小說家薩默塞特・毛姆（Somerset Maugham）在他的短篇小說《相約薩馬拉》（*An Appointment in Samarra*）中提到一個美索不達米亞的古老故事，那個故事是關於命運的極好例子。一個商人派他的僕人到市場買東西，僕人回來時看起來嚇壞了。那個僕人說，自己在市場上遇到了死神，死神對他做出一個威脅的手勢。僕人向商人借了一匹馬，逃到七十五英哩外的薩馬拉，企圖躲避他的命運。那個商人隨後去了市場，並且也遇到死神。商人問死神為什麼要威脅他的僕人，死神回答：「那並不是威脅的手勢，而是驚訝的手勢。我很訝異竟然在巴格達遇到他，因為我早已和他約定好今晚在薩馬拉碰面。」

可憐的僕人注定會在那天晚上死去，無論做什麼都無能為力。然而宿命論——無論我們做什麼，未來都早已命中注定——是真的嗎？顯然不是。我們可以用一種人來解釋宿命論的荒謬：這種人被告知應該繫上安全帶，因為如果發生車禍，安全帶可以救他們一命，可是他們拒絕了，並表示：「Que será，será。將會怎樣，就會怎樣，我不可能改變將會發生的事。」但是很明顯的，我們所做的事確實可以改變未來。安全帶已經使數以千計的人免於遭受嚴重的傷害或死亡，就像在跳下飛機之前先套上降落傘可能讓你保住一命。

儘管如此，除了宿命論並不正確之外，另外還有一種錯得更離譜的觀念會威脅你如何過生活的決定。

科學揭示宇宙受到自然法則的支配，這些法則會決定一切如何呈現。只要充分

宿命論（Fatalism）：根據宿命論的觀點，命運是不可避免的，人類的意志無法與之相抗。

了解自然法則與事物在特定時刻的自然狀況，基本上我們都能預測一小時之後、一天之後、一年之後或十年之後將發生什麼事。由於我們人類也是自然宇宙的一部分，我們必須服從這些的定律。因此，我們所做的每一件事也可能在我們去做之前就已經被預測出來。當你走到岔路口時，可能會覺得自己可以自由選擇往左走或往右走，但是事實證明，無論你如何選擇，都是自然法則和宇宙早就決定好的，就如同在撞球桌上滾動的撞球，我們除了順從自然法則之外別無他法。

當然，我們都認為自己是自由的。在我們看來，我們可以做出自由選擇並且據此採取行動。然而我們可能都是大自然的傀儡，自由意志可能只是一種幻覺？

沒錯，科學已經確定了許多貌似顯而易見的事情，但實際上並非如此。地球似乎是靜止的，可是科學證實地球會轉動。科學為什麼不證明自由意志也像地球靜止不動一樣只是一種幻覺呢？

雖然我們可以輕易摒棄宿命論，前述這種基於科學而對自由意志產生的威脅看起來更為嚴重。我們正面臨著一種著名又麻煩的哲學難題。就一方面來說，我們似乎以為自己是自由的；但是另一方面，我們又得到一個似乎認為自由意志只是幻覺

自由意志（Free will）：泛指能在各種可能中做出選擇並決定行動的能力。

的論點。因此，這是一個難解的問題。我們該怎麼辦呢？這個問題在哲學上或科學上還沒有共識，有些哲學家和科學家相信自由意志是一種幻覺，但另一些哲學家和科學家不同意這樣的觀點。

在認定我們擁有自由意志的見解中，有一個受歡迎的論點是我們吃早餐時有時候選擇喝茶、也有時候選擇喝咖啡，因此我們必然有自由意志，而非所謂的「自然法則」控制你永遠喝茶而不喝咖啡。但這種辯護方式有些誤導，因為雖然沒有哪種自然法則會讓你永遠只選擇茶而不選咖啡，但你有時選擇喝茶有時選擇咖啡的事實，是因為你在選擇喝茶的日子以及你在選擇喝咖啡的日子裡身體狀況不同——而你自己沒有意識到這種差異。你做出什麼樣的選擇依然取決於大自然的基本法則和確切的身體狀況。

不過，我們必須接受所有的自然事件都有其自然原因嗎？有些捍衛自由意志的人堅稱自己的心智不屬於自然宇宙的一部分。當他們決定伸手拿茶而非咖啡時，他們不屬於自然宇宙的心智會做出自由且未事先決定的選擇，然後他們的心智會以某種方式引發一連串的物理事件，致使他們伸手去拿茶。

法國哲學家勒內・笛卡兒（René Descartes）認為心靈是非物理的東西——因此不受物質決定論影響——但仍能導致物理事件的發生。笛卡兒的論點是：非物理性的心智會透過大腦的松果體影響身體的行動。他認為松果體的作用就像天線，可以接收來自非物理性的思維，並且將其轉化為身體的行動，還可以讓心智知道身體做出什麼動作。因此，從笛卡兒的觀點來看，有些物理事件並非來自物理原因，而是由我們的心智透過松果體所引發。

然而，有愈來愈多科學證據顯示，我們的身體不會受到非物理性的心智操控。這個理論認為，如果人們在做出有意識的決定時（例如使用右手或左手按下按鈕），大腦的活動會影響身體的動作，旁觀者就可以在那個人做出有意識的決定前七到十秒鐘預測出他將使用哪隻手。但如果人們是透過非物理性的心智來決定使用左手或右手，旁觀者便無法觀察他們大腦的決定並提早七到十秒鐘預測出他們將使用哪隻手。

我們為自由意志辯護的另一種方式，是訴諸量子的不確定性。這種方法其實不像聽起來的那麼複雜，而且大多數的物理學家現在都傾向支持這種觀點：在量子級

物質決定論（Physical determinism）：主張人類的行為類似於動植物的生長變化，受外在原因（環境）與內在原因（生理與遺傳）所決定。

別發生的事情——即非常、非常小的事情——並不完全是由物理決定的。在某些實驗中，自然法則似乎無法精準地確定次原子粒子的著陸位置，只能大概確定。如果在量子級別發生的事情存在著一些不確定性，這是否也表示有自由意志的存在？

事實上，我們目前還不清楚為什麼量子的不確定性或隨機性會與自由意志有關。隨機事件不是我們能夠控制的事件，而是物理決定的事件。倘若我的大腦因為隨機發生的某種奇怪狀況使我痙攣，導致我突然伸手打中你的鼻子，那就不是我出於自由意志選擇打你。

就目前看來，如果我們想捍衛自由意志免受物質決定論的威脅，最好的選擇就是試著證明自由意志與決定論彼此相容。也許等我們找出「行動自由」的涵義，就會發現即使我們所做的一切都是物理決定的，我們仍可自由行動。然而這種將科學發現與自由意志加以調和的策略會奏效嗎？暫時懸而未決。

12 靈媒是真的嗎？

哲學家布羅德談超自然現象

很多人會找靈媒。有時候他們是因為想探知未來而向靈媒諮詢，有時候是希望與逝者溝通而求助於靈媒。通靈術是一門好生意，每年可能賺取高達數百萬美元，甚至有些公司行號也會尋求通靈術的幫助。根據報導，金融靈媒麗莎·鍾斯每次為她的企業客戶提供諮詢的通靈費是七百五十美元。

如果有人願意為通靈諮詢服務支付如此高額的費用，那種通靈諮詢肯定有點本事吧？

這個嘛，也許吧。毫無疑問，多數靈媒都很誠實，他們真心相信自己有通靈能力。不過，他們看似詭異且超自然的本事究竟有沒有比較平凡的解釋方法呢？

如果某人去找靈媒，他們的對話可能如下：

靈媒：我感應到一個以字母G開頭的名字。可能是喬治（George）……葛拉漢（Graham）……蓋瑞（Gary）……

客戶：蓋瑞！我叔叔蓋瑞去年過世了。

靈媒（指著自己的胸口）：我感應到他是這裡出了問題。

客戶：沒錯！蓋瑞叔叔是因為心臟病發作過世的。

靈媒：妳家裡是不是有一盒還沒整理的舊照片？

客戶：有！

靈媒：蓋瑞說，妳和妳丈夫應該要整理一下那些照片，這麼做很重要。

客戶：呃，可是我丈夫已經死了。

靈媒：對，我知道。蓋瑞說，妳整理照片的時候，妳丈夫的靈魂會在旁邊陪妳一起整理。「斑比」這個名字對妳而言有什麼特殊意義嗎？

客戶：小鹿斑比？對，我最喜歡喝小鹿牌的氣泡酒了，這種氣泡酒的商標上有一隻小鹿！妳怎麼知道的？

假設這位客戶事後對她的朋友說，這個靈媒知道她叔叔蓋瑞去年死於心臟病發，而且知道她家裡有一盒需要整理的舊照片，甚至知道她最喜歡的飲料是小鹿牌氣泡酒，她的朋友可能會因此對靈媒留下深刻的印象。

可是靈媒到底有多高明呢？事實上，這種相當典型的「通靈術」與一種眾所周知的技巧有關，這種技巧稱為**冷讀法**。冷讀法會給人一種印象，讓人覺得你對別人瞭若指掌，但實際上你根本一無所知。冷讀法結合了多種技巧：

第一種技巧是**巴納姆陳述法**（Barnum statements）。馬戲團表演者巴納姆（P.T. Barnum）曾說他的表演「適合每一個觀眾」，所謂的巴納姆陳述法也同樣能夠套用在每一個人身上。這種陳述適用於決大多數人，但聆聽者以為只適用在自己身上。以下是典型的例子：

「某某人死於心臟方面的疾病。」

冷讀法（Cold reading）：這是一種事前未做準備而能夠在初次見面就讀取對方內心的技巧。

「你家裡有一盒還沒整理的舊照片。」

「你有時候會缺乏安全感，尤其是和你不熟的人在一起時。」

「你有時候會嚴重懷疑自己是不是做了正確的決定或做了正確的事情。」

我們大都會認同上述這些說法，因此前例中的靈媒「說中了」前面兩項並不足為奇。

第二種常見的冷讀法技巧是**霰彈槍掃射法**（shotgunning）。這種方法是提出許多模稜兩可的主張，希望至少能夠「命中」一個。比方說，幾乎每個人都認識名字以「G」開頭的人，而且幾乎每個人——尤其老年人——都至少認識一個名叫喬治、葛拉漢或蓋瑞的人。簡言之，靈媒並不知道客戶有一個叫蓋瑞的叔叔，實際上是**客戶自己**提供了這項資訊。霰彈槍掃射法尤其適用於觀眾人數眾多的情況，即使靈媒說出一項非常具體的陳述——例如「有沒有人聽說過一輛由一名中年婦女駕駛深藍色汽車出車禍的事？」——仍可能至少說中了觀眾群裡某個人的經歷。

第三，靈媒可以仰賴以下事實：客戶傾向於記住靈媒「命中」的事而忘記「未命中」的事。靈媒在命中「蓋瑞」之前還猜了另外兩個名字，但那些未命中的失誤被客戶忽略了，因為客戶只關注令她難忘的「命中」事項。請注意靈媒還巧妙地迴避了客戶丈夫已經過世的事實，改口說客戶整理舊照片時丈夫的靈魂會與客戶相伴，儘管他的肉身已不存在。靈媒誤以為客戶的丈夫還活著的失誤就這樣馬上閃過了。

靈媒還提到「小鹿斑比」，但是沒有詳述細節。這個詞彙有各種潛在的意義，尤其對熟悉迪士尼電影《小鹿斑比》的年長客戶而言。客戶可能認識某個綽號是斑比的人，或者與丈夫的第一次約會就是看這部電影，或者剛好很喜歡這部片子，或者……呃，總之，客戶與「小鹿斑比」的連結有無限多種可能。在前述的例子中，客戶自己先與小鹿建立連結，然後再勉強聯繫到某種氣泡酒品牌，接著又自行假設靈媒知道她喜歡那種氣泡酒。然而，是客戶自己提供了這些資訊。假如「小鹿斑比」對客戶而言毫無意義，靈媒就會迅速轉移話題，而這個「未命中」的情況也會馬上被客戶遺忘。

最後，自封靈媒之人有辦法透過觀察，從別人身上獲得相當多資訊。在這個例子中，她發現客戶手上戴著結婚戒指，因此知悉她已婚。

大多數的靈媒都利用這一類的問題與陳述，絕非只是巧合。倘若某個靈媒得憑靠霰彈槍掃射法、巴納姆陳述法和其他的冷讀技巧通靈，那麼他們必定沒有真正的通靈能力，而且他們如何「知曉」客戶的大小事也能輕易得到解釋。不過，這並不表示大多數的靈媒都是故意詐欺。他們沒有故意詐騙，因為他們真心相信自己有通靈能力。

我之前就看過有人會說服自己擁有神奇的讀心術。當時我和某個親戚「表演」了簡單的讀心術，表面上看起來像是猜測撲克牌的花色，但實際上我和我的搭檔早已預先串通好：如果他抽出黑色的牌，我就說「好」；如果他抽出紅色的牌，我就說「嗯」。暗號如此明顯，以致別人根本不會察覺，結果大家都以為我的搭檔能讀出我的心思。我順勢開始測試在一旁觀看的某個人——這個人並沒有與我們串通。他驚訝地發現自己也能神奇地猜出撲克牌的花色，並對於擁有這種驚人的「通靈」能力感到愈來愈興奮。當我告訴對方他根本沒有通靈能力時，他覺得非常失望。其實他只是在無意間接受了我使用的暗號。如果人們能夠如此輕易地說服自己具有通靈能力（其實他們根本沒有），那麼有人說服自己是靈媒（但沒有意識到自己只是使用冷讀法）也不足為奇。

儘管如此，有些靈媒確實是故意詐欺。有些人會將冷讀法與熱讀法結合，所謂的熱讀法是指在進行通靈之前先調查客戶的背景。靈媒可能會利用Google搜尋客戶的資訊，有些靈媒甚至可能與其他靈媒分享客戶的資訊（如果你告訴了某個靈媒某些事，其他的靈媒可能會神奇地知道那些事）。由於許多人找靈媒時都是透過朋友推薦，那些朋友可能會告訴靈媒客戶的各種資訊。有時候靈媒會在通靈之前先請客戶填寫一張卡片，寫下自己是誰、來自哪裡以及想與誰通靈，並將卡片放入盒裡或碗中，然後才開始進行通靈儀式。不正直的靈媒會利用卡片上的資訊來操控觀眾：「我收到了來自麥克的訊息，他是在一場火災中喪生的。這裡有人認識麥克嗎？」不出所料，當觀眾群中有人站起來表示自己確實認識在火災中喪生的麥克，靈媒就會神奇地說出那位觀眾的名字以及來自哪裡。有些冒牌的靈媒、招魂師和行神蹟者甚至會使用隱藏式耳機接收資訊。信仰治療師彼得・波波夫是一九八〇年代非常成功的美國電視福音傳道者，他透過隱藏式耳機，由他的妻子伊莉莎白將觀眾提交的卡片內容讀給他聽。當魔術師詹姆斯・蘭迪和他的團隊帶著無線電掃描器參加波波夫的某一場活動時，波波夫的行徑才被揭發。

英國哲學家布羅德（C. D. Broad）對於超自然現象格外感興趣，因為他認為如果超自然現象是真實的，必然會在哲學領域產生重大的影響。比方說，如果人們可以預見未來，就表示發生了反向因果關係（這意味著未來發生的事可能會對現在造成影響），這是我們多數人都認為不可能的事。如果人們可以與逝者交談，就表示物理主義（只有物質世界存在的觀點）是錯的，因為人類可以不需要他們已死的肉身而繼續獨立存在。簡言之，如果可以確定超自然現象是真實的，將會有一場哲學革命！因此，布羅德認為以嚴格且科學的方式檢測是否真有超自然現象非常重要。目前已有許多調查超自然現象的實驗，但迄今為止幾乎沒有可信的科學證據顯示有真正的靈媒，不過也許這類證據將來可能會出現。

13 我可以「就是知道」事情嗎？

哲學家克利福德談「知道」

有時候，當別人問到我們怎麼會知道某件事時，我們會回答：「**我就是知道！**」但這句話到底是什麼意思？有時候我們這麼說是表示對方應該要相信我們的話，雖然我們沒時間列舉各種證據，但有時候我們似乎還有其他的意思，就像以下的例子：

瑪麗：你說你死去的亞伯特叔叔每天都來看你？

約翰：對，沒錯。他現在也在這個房間裡，我能感覺到他的存在。

瑪麗：這會不會只是你的想像？你有什麼證據可以證明亞伯特叔叔來看你？

約翰：我沒有證據也不需要證據。**我就是知道！**

這是某人宣稱自己「就是知道」某些事情的例子，儘管他們沒有任何證據或論點可以支持自己的信念。

約翰相信他死去的亞伯特叔叔來看他可能沒有什麼害處，但有時候我們「就是知道」某些事的信念可能會產生嚴重的後果。

在伊拉克戰爭期間，美國前總統喬治・布希經常忽視軍事專家和政治專家所提供的證據。相反地，布希選擇相信他所謂的「直覺」。布希認為自己的直覺是一種感知上帝的能力，讓他得以透過「本能」明白上帝要他做什麼。布希覺得他「就是知道」上帝希望他與伊拉克開戰，然而這麼做的後果相當嚴重。

人們可能會宣稱自己「就是知道」某些事情，是因為他們認為自己具有某種靈異感應或者上帝感應，有些人還宣稱自己可以透過某種超自然的感應力來「知道」未來的事。假若真是如此，這種說法有沒有什麼問題呢？難道我們之中的某些人真的擁有這種特異的感應能力嗎？

布希總統的態度可能會使英國數學家暨哲學家克利福德（W. K. Clifford）大為震驚。克利福德主張：

……無論何時何地，在證據不足的情況下相信任何事都是不對的。

但這是真的嗎？事實上，有些哲學家認為，在沒有證據——甚至與現有證據相反——的情況下「就是知道」某些事是有可能的。

克利福德認為「信念一定要有證據支持」的問題之一，是為了證明你的第一個信念——我們稱之為信念A——你可能需要先相信支持該信念的證據存在。然而，克利福德的原則要求這第二種信念又反過來需要證據。然後你還需要相信那項支持證據的存在，因此需要證據去支持那樣的信念，依此類推。

你現在應該可以明白，克利福德認為每個信念都需要有證據支持，似乎會產生無限倒退的問題。為了有資格抱持某種信念，我必須先證明無數個信念，但這是沒有辦法做到的事。因此，結果似乎變成了：假如克利福德是正確的，那麼相信任何事情都是錯誤的，包括相信克利福德！可是這太荒謬了，因此許多人得出的結論是克利福德肯定是錯的。

顯然，如果我們要知道任何事，克利福德的要求就必須放寬。一定有某些情況是就算我們沒有證據，但是仍然有權相信。

事實上，有些哲學家認為我們可以在缺乏證據的情況下知道事情，我們可以說：「我就是知道。」

舉例來說，根據一種被稱為**可靠論**的重要知識理論，為了知道你面前的桌上有一顆柳丁，你只需要可靠運作的感官。如果你的眼睛正常運作，而且你處於一種你相信依靠雙眼不可能輕易出錯的情況，那麼如果你相信桌上有一顆柳丁（因為你眼前看到的便是如此），你就可以**知道**那裡有一顆柳丁，不需要任何證據證明那裡有一顆柳丁——至少在某種意義上，你無須根據你知悉的其他事實來推論那裡有一顆柳丁。只要那裡有一顆柳丁，而且你這種信念是根據運作可靠的感官而來，你就可以知道那裡有顆柳丁。

但如果上述為真，那麼假如我們之中的某些人不僅有運作可靠的雙眼，還有運

可靠論（Reliabilism）：可靠論是知識論裡其中一種對知識的說法，主張知識是透過可靠程序而來的真信念。

作可靠的上帝感應、靈異感應或超自然感應，那麼他們便可以「就是知道」上帝希望我們入侵另一個國家，或者已逝的親戚和我們在同一個房間裡。他們不需要證據！

你不僅可以「就是知道」上帝要你做什麼，或者你已逝的叔叔和你在同一個房間裡，你或許也可以合理地相信這些事。我們認為許多信念是合理的，是因為它們看起來確實像真的。如果我往窗外望去，看見外面似乎有一輛公車，那麼我當然可以合理相信那裡有一輛公車，尤其是在我沒有任何理由懷疑自己的眼睛可能欺騙我的情況。

事實上，就算我已經得知某些強大的證據支持外面沒有公車的觀點，難道我就不能合理地相信外面有公車嗎？舉例來說，假設我剛才在一個平時非常可靠的廣播節目中聽見公車今天因為罷工停駛，我還是可以合理地相信會有公車行駛，儘管已有強大的證據顯示今天路上沒有公車。

所以，一般而言，**相信事物顯示出來的樣子就是其原本的面目是合理的**。但如果真的有人認為上帝存在，或者他們已逝的叔叔和他們在同一個房間裡，那麼他們相信這些事也可以是合理的！

總而言之，有些哲學家原則上認同某些人可以合理相信並且知曉上帝存在，以及上帝希望他們發動戰爭，或者他們已逝的親戚來探望他們，儘管沒有任何證據支持他們這些信念。事實上，我很贊同這種觀點。

那麼，我相不相信我們之中有一些人真的有可靠的上帝感應或可靠的靈異感應呢？不，這我就不相信了。我原則上同意這種超能感應可能存在，不過我認為有很好的證據顯示這種特殊的感應力實際上並不存在。

以感應上帝為例，許多人宣稱自己能透過上帝感應力來體驗神性——或者如法國神學家約翰．喀爾文（John Calvin）所說的**神聖感應**。然而，這些人對於神的樣子有相當大的歧見：有些人感應到唯一的上帝，另一些人則感應到眾神的存在；有些人感應到可怕的神，也有些人感應到慈愛的神；還有些人（例如喬治．布希）感應到希望美國入侵伊拉克的神，有些人則感應到堅持永遠不可行使暴力的神。有些人說上帝告訴他們金錢是上帝的恩惠，有些人說上帝不允許富人進入天國；有些人表示上帝告訴他們耶穌就是上帝，也有些人表示上帝否認這一點。簡言之，我們所

神聖感應（Sensus divinitatis）：拉丁語意為「神性的感覺」，用於描述人類獲得關於上帝知識的感覺。

謂的感應上帝經常互相矛盾。我們可以肯定，他們傳遞的信念中有相當多錯誤。

我們也知道，人類很容易誤信自己遇上非凡的隱密事物，例如鬼魂、已逝的祖先、妖精、精靈、地精、仙子、天使、惡魔和外星人，但其中的許多經歷都已經被揭穿，例如有些已經被確鑿地證明只是幻覺或受到暗示的影響。因此，鑒於我們如此容易相信自己遇見超乎尋常的隱形事物但實際上沒有，難道我們不應該對別人及自己基於這種經歷而產生的信念抱持懷疑的態度嗎？

14 我的人生有意義嗎？

從維根斯坦的家族相似性看人生意義

有時候，當我們退一步審視自己的人生時，我們會自問：「這一切到底有什麼意義？我的人生有任何意義嗎？」

這是一個奇怪的問題。通常，如果有人問我們蘑菇、天空或牛奶凍有什麼意義，我們會困惑地抓抓頭，反問對方：「你所指的意義是什麼？」我們也可能會回答：「牛奶凍根本沒有意義。」

當然，想要知道某個詞彙、某本書或某部電影的意義，或者象徵某個事物的意思，確實是合理的，因為「牛奶凍」這個詞是有意思的。想要知道夜晚的紅色天空有什麼涵義也是合理的，假如我們的問題是「天空的顏色變紅代表什麼意思？」或

「就天氣的角度而言，天色變紅是什麼事情的預兆？」然而在詢問「我的人生或一般人的人生有什麼意義？」時，我們並非假定自己的人生就像「牛奶凍」這個詞彙一樣，是某種象徵或符號。

事實上，這不是要說我們的人生不能被當成某種象徵或符號，因為任何事物都可以有那種意義。我可以在門外的花盆裡放一個蘑菇，當成告訴你「我在家」的暗號。在那種特殊情況下，蘑菇確實有其意義。我們也可以想像——在可能性很低的情況下——人類的生命也同樣地被當成一種符號。舉例來說，也許路過地球的外星人在地球播下生命的種子，當成一種宇宙路標，以便告知外星太空船「要在下一個太陽系左轉」。倘若真是如此，那麼地球上的生命就有其意義。不過我懷疑有人會認為這項發現能顯示人類的人生終究是「有意義的」。當我們詢問「人生有什麼意義？」時，那並非我們感興趣的那種「意義」。

當人們討論人生的意義時，經常會出現的相關問題是：人生有什麼目的？人生到底為了什麼？你的人生又是為了什麼？如果你的人生確實具有某種目的，就能讓它有意義嗎？

不一定。事實上，你的人生確實有一個目的。所有的生物體都已經演化為得以生存與繁衍，這就是他們的「目的」，至少就演化的角度而言是如此。但是，被告知身為智人的目的只是為了活得夠久以成功繁衍下一代，這當然不會讓我們的人生顯得格外具有意義，畢竟蚯蚓活著也是為了這個目的。

但或許我們的焦點放錯目的了。萬一某些宗教人士說的沒錯，我們被上帝創造出來的理由是為了敬愛上帝呢？這就是我們宏大的目的。如果這真的是我們被創造出來的目的，這個理由會讓我們的人生變得有意義嗎？

目前尚不清楚會不會如此。假設有一個兒子發現他的母親非常渴望得到孩子的愛，因此生孩子只是為了滿足這種欲望，這項發現不太可能會讓兒子覺得自己的人生具有意義。如果真要說這項發現會帶來什麼不同，在得知自己被創造的原因是為了滿足母親自私的欲望後，這個兒子大概只會覺得自己的人生沒有想像中那麼有意義。確實，為了某種目的而創造人類難道不是一件貶低又羞辱人的事情嗎？

因此，有意義的人生顯然不是透過具有目的來加以實現。當我們探究人生的意義時，也並非想知道我們的人生被當成某種象徵或符號（就像「牛奶凍」這個詞彙）有什麼意義。那麼，我們詢問人生意義的時候，到底想問什麼呢？

事實上，宗教人士和非宗教人士在很大程度上都傾向於同意何種人生才有意義。我們大多數人會認為物理學家愛因斯坦、挪威極地探險家羅阿爾．阿蒙森、英國護士瑪麗．西科爾、奧地利音樂家莫札特、英國數學家愛達．勒芙蕾絲和物理化學家瑪麗．居禮等人擁有美好且具有意義的人生。有意義的人生不一定是幸福快樂的人生，也不必然通往成功。大家都知道英國海軍軍官、極地探險家羅伯特．史考特未能抵達南極，但他的嘗試卻廣為人知。有意義的人生也不需要在道德上特別崇高，我認為有一、兩個玩弄女性的吸毒者具有充滿意義的人生，只要他們的人生任務——例如創作音樂——並非徹底不道德。另一方面，將人生貢獻給大屠殺的人，無論多麼巧妙且成功地施展其可怕的計畫，人生肯定不算有意義。

因此，我們似乎能夠辨識具有意義的人生。可是就某種意義而言，我們似乎早就已經知道什麼才能使人生具有意義，困難之處只在於如何精準地釘住使人生具有意義所需的訣竅。祕訣到底是什麼？

在探索人生的意義時，我們不就是想找出具有意義的人生才能擁有的特質——

使人生具備意義的特質——嗎？不過，為什麼每個有意義的人生都要有共同的特質呢？

奧地利哲學家路德維希・維根斯坦（Ludwig Wittgenstein）最著名的見解之一就是他所謂的**家族相似性**概念。如果你端詳某個家庭裡每位成員的臉孔，可能就會發現他們都彼此相似。有些家庭有大鼻子，有些家庭有藍眼睛，有些家庭有捲髮。不過，儘管家庭成員之間有重疊的相似處，他們臉部的相似特徵不一定只有一種——例如前面提到的大鼻子。維根斯坦認為，有些概念——例如遊戲的概念——就是家族相似性的概念。維根斯坦提出一個問題：各種遊戲的共同點是什麼？有些遊戲是競賽，有些不是；有些遊戲與球類有關，有些不是；有些遊戲需要團體參與，有些不是。維根斯坦指出，不是所有的遊戲都有共同的特徵。看看羽毛球、西洋雙陸棋、足球、單人紙牌遊戲和西洋棋，我們會發現它們之間沒有一項共同的特徵，但是有一系列部分重疊的相似處。然而，儘管沒有所謂的共同點存在，但是**遊戲**的概念既合理又有用。

因此，當你尋找一種讓人生變得有意義的特質時，或許只會白費力氣，也許我

家族相似性（Family resemblance）：此概念用於刻畫一些事物或狀態，雖然彼此之間有所不同，卻如家族成員般屬於同一家庭，而具備某些相似的特徵。

們根本無法找到具有意義的人生所共享的單一基本特質，頂多找出一系列部分重疊的相似處。

在這種情況下，探問人生意義可能是一種困惑的症狀：假設一定有某種隱藏的單一、必要、基本特質能使人生變得有意義，但我們不確定是什麼。當我們找不到這種特質時，可能就會草率地做出結論：賦予我們人生意義的東西一定被藏起來了，那種東西可能非常神奇且超凡脫俗。然而，事實可能是讓我們人生變得有意義的東西根本沒有被藏起來，它就在我們世俗生活的結構中，只不過它不是單一事物。

關於人生意義的最後一個思維是：有時候人們會覺得如果人生缺少意義，那麼什麼都不重要了。無論我們是生是死、如何過生活，最後都已經無關緊要。依照宇宙的法則，這一切都完全缺乏意義。不過，請注意，如果最後什麼都不重要了，那麼，**什麼都不重要最終也無關緊要了！**

當然，即便最終任何事物都不再重要，但是對我們而言可能還是非常重要。

15 為什麼從來沒有人約我出去？

存在主義哲學家沙特與波娃談人際問題

為什麼都沒有人約我出去？為什麼別人不想約我？是我沒有吸引力嗎？我有什麼問題？這些是我們很容易產生的疑問，尤其當我們還年輕，而且看到別人開始談戀愛的時候。我自己就有過這種的想法。

就我個人而言，我在學生時期很希望有人約我出去，可是從來沒有發生，而且我也沒有約任何人出去過。我遭遇的問題很常見：我覺得很害怕。沒有人願意面對被拒絕時的羞辱。正因如此，我從來沒有邀過我想約出去的對象。

所以，你沒有接獲邀約的主要原因之一與你無關，而是和對方有很大的關係：他們不敢約你。儘管如此，解決方法其實就在你的手中。為什麼你認為一定要由他們來約你？為什麼你不能約他們？你可以主動邀約啊！

我們經常給別人一種老套的哲學建議：「Carpe Diem！把握當下！」這句話最早出自兩千多年前的古羅馬詩人賀拉斯（Horace）之口，此後便被人引用在各種奇怪的地方，甚至變成英國女演員茱蒂．丹契手腕上的刺青。丹契於她八十一歲生日當天在手腕刺上了「Carpe Diem」。我們也常用「Yolo！」（You Only Live Once，人生只有一次）來鼓勵別人勇敢冒險，當然還有耐吉（Nike）廣告看板上寫的：「Just Do It.」（做就對了）。

雖然這可能是相當俗氣的建議，但有時候「把握當下！」正是你應該做的。當然，在你尚未充分了解某事的風險時，冒然猛衝通常是個壞點子。「把握當下」可能會刺激年輕人去做一些愚蠢的冒險行為，例如潛入深邃的陌生水域，但有時候在可以明確掌握風險的情況下，冒險是很好的建議。事實上，雖然主動約別人出去感覺好像很可怕，但這麼做幾乎沒有真正的風險，最糟糕的情況頂多是你被拒絕。即便如此，這種結果可能還是會有好處：你或許將因此贏得「勇氣可嘉」的名聲。並請記住一件事：你可能會因此讓對方覺得開心。即使對方沒有接受你的邀約，仍可能感到受寵若驚。

法國存在主義哲學家也有一些相關的建議，例如尚－保羅・沙特（Jean-Paul Sartre）認為，我們基本上都是自由的生物，可以選擇自己想要的生活方式。然而，我們發現這種自由以及隨之而來的責任都令人深感不安，因此我們假裝自己別無選擇、注定只能扮演某種角色。沙特鼓勵我們認清自己扮演的社會角色（母親、女性、廚師、服務生、牧師等身分）並不能定義我們，儘管我們可能會對自己說：「這就是我——我只是一個服務生——這是我必須做的事：點菜和端盤子。」事實上，我們並沒有被這些角色定義，而且我們隨時可以掙脫束縛，擁有更具本真性的人生。沙特將這種掩蔽我們自由的角色扮演稱為「自欺」（bad faith）。

女性主義哲學家西蒙・波娃（Simone de Beauvoir）進一步將這種「自欺」的概念應用在女性身上，認為女性因為扮演由男性指派給她們的傳統角色而被蒙蔽。所以當女性問自己「為什麼沒有人約我出去」時，是不是也有一點哲學上的「自欺」意味呢？提問者是不是認為自己身為女性，所以只能聽天由命而不能主導人生？她是不是認為這就是她必須接受的角色？如果真是如此，像西蒙・波娃這樣的

本真性（Authenticity）：對沙特來說，本真性包含了如下意思：由於我們總是可以自由決定改變生活，如果我們自始至終都維持一個特定的身分，這是因為我們在每個時刻都選擇了這個身分。

女性主義思想家就會鼓勵提問者擁抱自由、享受更本真的人生，而不要只是被動地接受她被賦予的傳統角色。

16 什麼是胡說八道？

跟著法蘭克福洞察後真相時代的胡扯

胡說八道無處不在：在政界、在網際網路各種訊息裡、在行銷話術中、在公共關係中。你想躲也躲不了。英國記者詹姆斯．鮑爾（James Ball）的《後真相：胡說八道如何征服世界》（*Post-Truth: How Bullshit Conquered the World*）與埃文．戴維斯（Evan Davis）的《後真相：為什麼我們達到胡說八道的頂峰以及我們能做些什麼》（*Post-Truth: Why We Have Reached Peak Bullshit and What We Can Do About It*）等書都警告著我們，我們現在正進入一個由胡說八道所統治主宰的新「後真相」時代。

什麼是胡說八道？根據美國哲學家哈利．法蘭克福（Harry Frankfurt）的見

後真相（Post-truth）：意指人們只想相信那些自己想相信的事情，並基於自身的意識形態選擇性地相信特定事物。

解：胡扯之人不在乎他們所說的是真是假，但這不表示胡說八道之人就是騙子，因為騙子知道真相，只是故意試著說服你去相信他們已知是錯的事情。胡說八道之人則是為了達到效果而亂說話，根本不在乎自己說的是真是假。

唐納・川普被大家認為既是騙子也是胡說八道之人。英國記者馬修・德安科納（Matthew d'Ancona）在他的著作《後真相：真理的新戰爭》（*Post Truth: The New War on Truth*）中提到一個例子。川普在他的著作《川普：交易的藝術》（*Trump: The Art of the Deal*）中宣稱，川普的海灘俱樂部「海湖莊園」裡的兒童房，裝飾牆磚是由華特・迪士尼親手打造。當川普的管家問川普這件事是不是真的時，川普回答：「誰在乎啊？」

法蘭克福認為，胡說八道之人比騙子更惡劣，因為誠實之人和騙子至少都關注事情的真假。誠實之人說出他們認為真實的事，騙子說出他們認為虛假的事，而胡說八道之人則是：

> ……既不站在事實這邊，也不站在虛假那邊。胡說八道之人不像誠實之人和騙

子那樣關注事實，雖然騙子所說的話遠離事實。胡說八道之人不在乎自己所說的話是否正確描述真實，他只挑出自己想說的事，或者隨便捏造故事，以符合他想達到的目的。

為什麼胡說八道之人要唬爛？通常是為了個人利益。有時候他們會利用這種方式賺錢：他們可能會提供機械、醫療或水電方面的胡扯建議並且收費，或者分享胡說八道的故事來提高古董的價格。胡說八道通常也是為了地位：他們會假裝自己很有知識，以提升其身為「專家」的地位。舉例來說，一個偽知識分子在參加晚宴時宣稱：「就如同笛卡兒說過的……」，但其實他根本不知道笛卡兒是否這麼說過。川普他對海湖莊園裝飾壁磚的瞎扯，正符合上述兩種情況：一來是為了提升地位的自我誇大，二來是為了增加他在佛羅里達州資產的價值。

我們為什麼要小心別人胡說八道？一個顯而易見的理由是：如果你聽了胡說八道之人所說的話，可能會誤信許多謊言，而那些謊言可能會對你造成傷害。胡說八道的機械建議可能會導致你駕駛不安全的危險車輛；胡說八道的醫療建議可能會損害你的健康；胡說八道的財務建議可能會使你破產。

儘管法蘭克福指出了一種重要的胡說八道類型，我認為還有其他事物也可以被稱為胡說八道。根據法蘭克福的見解，胡說八道之人不在乎他們說的是真是假，但事實總是如此嗎？想一想那些對風水、占星術、通靈能力、星靈體療法、外星人綁架、反疫苗者、奇怪邪教及地平說的信仰，那些信仰通常被歸類為胡說八道，可是很顯然的，許多簽名連署並推廣那些信仰的人都熱情地關切其信仰的真相。

有些人可能會說，那些古怪的信徒是在欺騙自己和別人。法蘭克福說得很對：那些人其實並非真的關心什麼是真、什麼是假，他們只是在說話和表現上顯得他們很關心。但在諸多情況下，我很難相信那些信徒有時甚至準備將自己的性命甚至他們孩子的性命當成賭注，押在他們宣稱的真理上。

想想看自殺邪教徒，例如自封為牧師的吉姆．瓊斯的追隨者。吉姆．瓊斯有超過九百名追隨者（其中包括三百零四名兒童），他們在蓋亞那叢林的「瓊斯鎮」集體自殺。吉姆．瓊斯的邪教毫無疑問是一個胡說八道的信仰體系，儘管那些宣揚它的人深信其為真理並且願意為它而死。

也可以想一想「反疫苗者」：那些反對人們及自己的孩子接種小兒麻痺、麻疹、傷寒和其他疾病疫苗之人。反疫苗者準備將自己孩子的人生押在他們的反疫苗信仰上。將這些人及其他被我們視為怪誕信仰體系和偽科學信仰體系稱為「胡說八道」，我覺得完全沒錯，儘管這些信徒經常非常相信他們的信念為真，並且準備將他們的一切投注在信仰的真理上。

聽見胡說八道時能夠馬上察覺出來是一種重要的生活技能，甚至可能救你一命。然而你要如何開發出這種洞察力呢？

洞察胡說八道在一定程度上必須培養出對真相的嗅覺，需要擁有良好的批判思考技能和習慣，如此才不會被動地接受你被告知的事，還可以反問胡說八道之人一、兩個敏銳的問題，例如「你怎麼知道這是真的？」以及「你有證據嗎？」在某種程度上，我們必須先了解這個世界在政治、社會與科學方面如何運作，以察覺胡說八道之人所宣稱的事情不符現實。

察覺胡說八道還需要培養出洞察性格的能力，我建議以下三種性格需要特別留意。第一種是**利己主義者**：法蘭克福指稱的胡說八道之人喜歡自我膨脹，他們會說出任何能提高自身地位的話語，無論是真是假。第二種是**狡猾奸刁者**：這是法蘭克福指稱的另一種胡說八道之人，他們會說出任何話語來讓你掏錢。第三種是**真心相信者**：真心相信者可能很慷慨真誠，而且對於他們說出及深信之事非常關心。然而他們十分容易上當受騙，是怪誕信仰體系的受害者。那種信仰體系使他們淪為知識囚徒。如果你能盡早洞察出利己主義者、狡猾奸刁者和真心相信者，就能對胡說八道更加免疫。

17 陰謀論有些是真的嗎？

從九一一事件到五十一區，識破無所不在的陰謀論

許多人認為客機產生的凝結尾跡是政府祕密計畫的化學物質羽狀雲塵——「化學凝結尾」。此外，也有許多人認為登陸月球是NASA與美國政府偽造出來的。還有很多人認為摧毀紐約世界貿易中心雙塔的九一一恐怖攻擊是美國政府的「內部人」進行的管控拆除行動。其他一些廣為流傳的陰謀論還包括二〇一二年在美國康乃狄克州桑迪胡克小學發生的大屠殺槍擊事件是為了管制槍枝而捏造出來的，製藥業掩飾了某些疫苗會導致自閉症的事實，一艘外星人的太空船在美國新墨西哥州羅斯威爾市墜毀之後被保存在一個稱為「五十一區」的地方，以及美國總統甘迺迪遇刺事件其實涉及了多名凶手。

為什麼我們會被陰謀論吸引？根據研究，這是三種情況組合在一起之後的結果。首先，我們想要了解**這個世界是如何運作的**，而陰謀論以容易理解的方式為我們提供了解釋：背後其實有強大的陰謀者正在精心策畫這些事情。其次，我們希望有**安全感和掌控權**，而陰謀論往往能為我們提供奪回控制權的簡單祕訣：我們必須推翻那些強大的密謀者。第三，陰謀論**強化了我們的自我形象**：身為陰謀論者讓你得以進入一個由志趣相投的內部人士所組成的世界，這些內部人士可以看見事情的真實情況——你就不會像其他的可憐傻瓜一樣上當受騙。

將某種信念稱為「陰謀論」，通常是一種「立刻反駁」的表現，因為一般人都認為「陰謀論者」妄想偏執且精神失常。雖然上述的各種陰謀論廣為流傳，但普遍被認為是無稽之談。

「陰謀論」一詞被使用在多種面向。有些人根據定義，認為「陰謀論」要不就是錯的，要不就是沒有充分的證據加以支持。前述那些不太可能屬實的論點，倘若被證明為事實，就不再是「陰謀論」。有些人以限制更多的方式來使用「陰謀論」一詞，因此只有全然胡思亂想的理論才有資格冠上這個名號。

不過，包括我在內的其他人，在說某種理論是「陰謀論」時，都只是針對其內容而言，不管它多麼合理或不合理。我所說的「陰謀論」，是指斷言某種重大陰謀的理論——某個具有影響力的組織或團體正密謀做一些非法、有害或至少不受歡迎的事情——無論該理論是否真實，或者具有充分的支持。因此，根據我對這個詞彙的用法，陰謀論也可能合理且為真（雖然大部分的陰謀論都不合理也不是真的）。

其實，偶爾會有陰謀論被揭發為真實。舉例來說，水門事件便是美國共和黨內部——尼克森總統也牽涉其中——竊聽民主黨辦公室的一項祕密陰謀，事後又試圖掩飾。這個刺激的故事後來被拍成為一部名為《大陰謀》的電影，但這個陰謀論是千真萬確的事。伊朗門事件則是雷根政府的高級官員非法向伊朗祕密出售武器，然後以其利潤資助尼加拉瓜右翼反對派叛亂組織的醜聞。同樣的，這個陰謀論也是真的。

儘管如此，有許多陰謀論都是錯誤的，也缺乏充分的支持。事實上，只需要一點點常識，往往就能發現陰謀論不太可能為真。

我們以「九一一恐怖攻擊是內部人士所為」的陰謀論為例，這個論調的主要證據，是該事件的種種特徵難以解釋，例如世貿中心雙塔在遭到飛機撞擊之後倒塌的方式。那兩棟建築物直接坍塌，彷彿以受人控制的方式進行拆除。然而，仔細想想，這種陰謀必須搞得如此複雜龐大，牽扯成千上萬人，包括將爆炸物放置在世貿中心雙塔內而不被人發現的團隊，以及犧牲自己的飛行員（他們何必這麼做？）或者，倘若飛機是遙控的，仍需要有地面上的各種團隊參與，包括機場在內。如此精心策畫的陰謀很可能會失敗，或者因為不小心失誤或洩漏機密而曝光。再說，如果製造出九一一恐怖攻擊事件的目的是為了合法向伊拉克及阿富汗宣戰，那麼為什麼飛機駕駛員是沙烏地阿拉伯人？不過，最大的問題應該是：明明有更簡單、風險更小的方法可以達成同樣之目的，為什麼要選擇以這種極其冒險又複雜的方式來證明發動戰爭的合理性？儘管九一一恐怖攻擊事件有可能是內部人士所為——正如花園底下可能住著小仙子——所有的證據都強烈顯示不可能。

然而，雖然九一一恐怖攻擊事件不太可能是內部人所為，但所謂的「偽旗」行動並非完全是神話。「偽旗」行動是指偽裝成敵人並且對自己或盟友發動攻擊。九一一恐怖攻擊的陰謀論者相信該事件是一場偽旗行動：美國攻擊了自己，並偽裝成

偽旗（False flag）：「偽旗」一詞起源於十六世紀，意指故意扭曲某人的忠誠。

受到外國攻擊。

有趣的是，美國軍方以前確實曾經策畫過這種偽旗攻擊行動。在一九六〇年代，美國參謀長聯席會議曾簽署一項劫持和轟炸的祕密計畫，並以誤導性的證據栽贓給卡斯楚所領導的古巴共產黨。這項眾所周知的「諾斯伍茲行動」，目的在於使美國入侵古巴並改變其政權的行動合理化。雖然這場行動最後並未真正執行，但假如甘迺迪總統當時沒有予以否決，很可能就已經發生了。

第二次世界大戰也是始於一場偽旗行動。一九三九年德國入侵波蘭之前，身穿波蘭軍服的納粹士兵及情報人員對德國的目標發動攻擊，並留下死亡的「波蘭」士兵屍體，但那些死屍其實是集中營裡的受難者。希特勒隨後便利用該攻擊事件來證明其入侵的正當性。

因此，陰謀論可能會被證明是真的，目前已經有一、兩項陰謀論被證實為真。當然，最重要的是我們必須控制自己察看各項陰謀的傾向——某些人的這種傾向顯然已經完全失控。不過我們也不能忘記，陰謀偶爾會真的發生。

18 人們為什麼信仰宗教？

哲學家羅素與科學家道金斯談宗教信仰

人們為什麼有宗教信仰？問一個有宗教信仰的人為什麼相信宗教，他們可能會回答：「這道理就像我相信地球是圓的、水是濕的——因為我的宗教信仰既合理又真實！」這麼說很公平：假如某種宗教信仰是真的，而且有些人具有相信該宗教為真的好理由，這就可以恰如其分地解釋他們為什麼相信該宗教。

但假如我相信我的宗教是唯一真正的宗教呢？我該如何解釋為什麼人們會信仰其他的宗教？理由不可能是因為那些宗教也是真的。這麼一來，我似乎需要一些其他的解釋。

對宗教信仰抱持懷疑態度的人往往堅持認為所有的宗教信仰都只是**一廂情願的**

想法。確實，人們經常希望自己的宗教是貨真價實的。宗教信仰能幫助我們因應恐懼——尤其是對死亡的恐懼——這是宗教信仰最得人心的解釋之一。舉例來說，英國哲學家伯特蘭．羅素（Bertrand Russell）對於宗教的論述如下：

> 我個人認為，宗教最初且最主要立足於恐懼之上，這一部分是來自於對未知的恐懼，另一部分則如我所言，是希望有個大哥哥能在麻煩和爭執上門時伸出援手。恐懼是這一切的基礎——對於神祕事物的恐懼、對於失敗的恐懼、對於死亡的恐懼。

對宗教信仰抱持懷疑態度的人還提供進一步的解釋。理查．道金斯（Richard Dawkins）是科學家也是世界上最知名的無神論者之一，他認為宗教其實是「心智的病毒」。

思考一下電腦病毒。病毒被安裝於電腦之後，就會開始複製，將自身的副本傳出去並感染新的電腦。道金斯認為宗教信仰也是以類似方式進行傳播。宗教的傳播不是因為合理且經過充分測試——科學信仰才是如此——宗教的傳播是因為它們含有「將我傳出去」的編碼指令，感染了宗教信仰「病毒」之人通常會努力地傳染抱持相同信仰之人。

道金斯還指出電腦病毒與宗教信仰的其他相似處。他表示，正如電腦病毒經常使防毒軟體失效，宗教信仰往往也能有效阻擋任何可以消除它們的東西，例如科學的思維與批判性的審查。舉例來說，道金斯認為宗教經常將「信仰」奉為美德，而這種「信仰」的意思是就算缺乏證據甚至有違證據，信徒仍應虔誠信奉。

電腦病毒不是什麼好東西，道金斯將宗教比喻為電腦病毒，顯然也暗示宗教不是好東西。不過，宗教到底能為個人和團體帶來什麼好處？那些益處難道不能用來解釋人們為什麼相信宗教嗎？

根據一些研究，無論宗教信仰是否真實，至少能讓我們更快樂、也更健康。宗教也具有強大的社會附著功能，擁有共同宗教信仰的團體往往關係更為緊密。也有證據顯示，積極信仰宗教之人通常會生育更多孩子。然而，既然與同儕擁有共同的宗教信仰可能使我們受益（起碼可以提高我們生存與繁衍後代的機會），為什麼我們沒有因此演化為虔誠信仰宗教之人？

對宗教信仰的另一種有趣解釋是，宗教其實是我們的某些認知機制為了其他原因而演化出來的附帶結果。在這種解釋中，最有趣的是我們人類具有一種過度活躍的媒介檢測裝置（Hyperactive Agency Detection Device，簡稱 HADD）。根據某些演化心理學家的說法，人類已經演化到對於其他的媒介（對自身行動具有信念和欲望的生命體）過度敏感，因為能察覺其他媒介的存在對我們來說非常有利：那些媒介可能是會幫助我們的朋友，也可能是會傷害我們的敵人，甚至可能是會吃掉我們的捕食者，例如老虎。

因此，如果我們對其他媒介的察覺度不夠高，代價可能十分高昂。另一方面，過度察覺其他的媒介——相信它們存在，但實際上它們並不存在——成本就可能低得多。因此，我們在過度檢測方面已經演化為嚴重出錯，極容易誤信其他媒介的存在。根據某些人的說法，這至少可以部分解釋為什麼人類如此容易誤信一些看不見的媒介存在，例如鬼魂、死去的祖先、靈魂、天使、惡魔，甚至神明。

舉例來說，假設你在暗夜獨自走路回家時聽見灌木叢發出沙沙聲，你第一個無意識的想法可能會是：「那裡有人！」這就是你過度活躍的媒介檢測裝置開啟的結果。如果你去檢查了灌木叢，結果沒有發現任何人，你仍可能懷疑那裡藏有某種東西，只不過你看不見。因此，相信無形媒介的存在是我們擁有過度活躍媒介檢測裝置的自然附帶結果。當然，對神的信仰只是相信無形媒介的一個例子。

假設這些對宗教信仰的科學解釋中有一項最後被證明為真，就宗教信仰的真理而言會有什麼意義？科學能不能有效地解釋宗教信仰，並且透過解釋來消除宗教信仰呢？我們最後會發現宗教是無稽之談嗎？

事實上，科學能解釋我們為什麼相信某件事，但這個事實通常不會被解讀為信仰並不真實。也許科學可以透過在空氣中傳遞的聲波，來解釋我們為什麼相信自己能聽見管弦樂團的演奏，因為聲波對我們的耳膜造成影響，進而刺激我們的神經。這種解釋的正確性不會表示我沒有聽見管弦樂團演奏，或者我誤以為有管弦樂團存在。既然如此，對於宗教信仰的科學正解又怎麼能表示宗教信仰只是妄想呢？

這種科學解釋對於宗教信仰的威脅程度多寡，至今仍存有爭議。

19 別人為什麼不喜歡我？

和受人厭惡的蘇格拉底學習被討厭的勇氣

你覺得別人不喜歡你嗎？呃，他們也許也沒有不喜歡你。他們可能只是沒有特別注意你。在學校的課堂上，雖然有些人會因為充滿自信而脫穎而出，比較害羞的人也不會因此就被討厭，但他們很可能會覺得孤單且被人忽略，宛如他們不存在。

儘管如此，在我們的人生歷程中，難免會有一些人討厭我們，這不一定是我們的錯。人們可能會因為出於嫉妒或怨恨我們所相信的事情而不喜歡我們，或者因為我們妨礙他們追求某些他們意欲的目標而不喜歡我們。我們必須忍受確實不是人人都喜歡我們的事實，而且有一些人會明白地表示厭惡我們。

不過，如果大多數人都不喜歡你呢？在這種情況下，你也不孤單。

古希臘哲學家蘇格拉底（Socrates）就被他同胞深深厭惡，他的同胞最後甚至將他處決。蘇格拉底沒有留下自己的著作，但他是一位真正的哲學家，他的話語經常出現在柏拉圖的《對話錄》中，那些對話顯示蘇格拉底對下列問題深感興趣：什麼是勇氣？什麼是正義？什麼是美感？什麼是知識？蘇格拉底會與其他人交談，並且經常向所謂的專家提出他的疑問。

舉例來說，蘇格拉底問雅典將軍拉奇斯（Laches）什麼是勇氣，但他隨後發現自己總能想出相反的例子來駁回拉奇斯提供的答案。比方說，拉奇斯一開始將勇氣定義為「在戰鬥時堅守自身的崗位」，蘇格拉底便表示他想要的定義不僅適用於士兵，也要適用生活中的所有情況，因為就算是平民百姓也可以很勇敢。於是拉奇斯又說勇氣是「靈魂堅定的毅力」：勇敢的人會持續前進。蘇格拉底也駁斥了第二種定義，並指出有時候謹慎的作法並非堅持不懈，而是應該先撤退，改天再行奮戰。假如勇氣是一種美德，就不可能教人魯莽行事，因為毫無意義地戰鬥到死只是有勇無謀。蘇格拉底似乎再次表明拉奇斯是錯的，勇氣不僅僅是堅定的毅力。

明明是你應該專精的事，你卻無法給出定義，這實在令人尷尬。拉奇斯毫無疑問會對蘇格拉底探究的問題及其靈敏的反駁感到惱怒。蘇格拉底也讓許多具有影響力之人感到尷尬和羞辱。事實上，他將自己比喻為一隻不停刺痛馬匹的牛虻，馬匹當然會想立刻打死討厭的牛虻。到了最後，雅典的大人物與賢者都希望將蘇格拉底打死。

蘇格拉底無意讓人們討厭他，他只是想弄清楚勇氣、美感和知識到底是什麼，但最後得到的結論是他和所謂的專家都不明白。儘管如此，由於他堅持不懈地執行這項崇高的計畫，導致他樹立了強大的敵人。蘇格拉底最後因為「腐化年輕人」等罪名受審，被判有罪並處以死刑。雖然蘇格拉底有機會逃走，但他選擇待在牢房，喝下獄卒提供的毒芹然後死去。柏拉圖《對話錄》中的《申辯篇》（*The Apology*）就是講述蘇格拉底在密友陪伴下於牢房裡度過最後幾個小時的故事。

即使像蘇格拉底這般高尚的人，也會發現大多數人不喜歡他，而且原因就是由於他擁有高尚的靈魂且從事具有價值的計畫。當然，蘇格拉底並不孤單。做事有原則而且為了正義奮戰，往往會使人不受歡迎。這種不受歡迎有時候很危險——有時候甚至會致命。被嫌棄或許是一種象徵榮譽的徽章。

儘管如此，有些人被別人討厭可能是因為有些好理由。的確，我們之中確實有些人不討人喜歡。如果你擔心自己不受歡迎，並且懷疑自己有可能導致你不受待見的缺點，也許你會覺得下列那些我認為很明智的建議對你有所幫助。

自我中心可能會讓別人感到十分厭惡。如果你只對談論自己的事情感興趣——如果你與他人的對話往往圍繞著你的興趣、你的成就、你所做的偉大事業，尤其如果你喜歡自我吹噓——那麼你的聽眾可能會覺得你很無趣、令人煩躁。真心對他人感興趣之人通常會受到互動者的喜愛，他們會詢問對方的事情——關於對方在做什麼以及對方過得如何。讓別人喜歡有你陪伴的一個簡單方法，就是對別人的事情感興趣。

過度批評他人也是一種不吸引人的特質。做人當然要有話直說，但否定他人顯然會讓對方不喜歡與你相處。你是一個會讓別人對自己觀感不佳的人嗎？如果真是如此，你可能需要改變自己的習慣。養成習慣對你遇到的人說一些真誠且正面的話語，無論是關於他們的外在或他們的成就。

抱怨也會讓人感覺不好。能與朋友討論我們的問題是好事，但如果我們的問題就是我們與朋友談話的全部內容——如果我們大部分的時間都在抱怨——那麼我再說一次，你這樣可能很難相處。

有一種最討人厭的人，就是經常打斷別人說話的人。別人說話的時候不要打斷對方，應該傾聽別人說話。我是說真心傾聽，不是假裝擺出「聆聽」的表情，然後馬上接著開始說自己的事。應該要真心聆聽別人所說的話，並且適當地參與其中。別人說完之後，不要馬上自顧自地說些離題的內容。

自吹自擂也不太可能為你贏得人氣比賽的獎盃。不停談論你的新鞋、超棒的工作、昂貴的新車、迷人的新家、美妙的假期、在學費高昂的學校裡取得優異成績的孩子，都只會讓別人感到自己的不足與平庸。沒有人願意和那些讓自己有這種感覺的人相處。

避免試圖**控制他人**。如果對別人有幫助，你當然可以提供建議，鼓勵他們並指出他們可能沒有發現的機會，但不可越界，變成在命令別人。沒有人喜歡覺得自己失去自主權並成為別人的「指導對象」。人們喜歡與能夠激勵他們並賦予他們權力的人在一起，並且避開讓他們覺得自己像傀儡的人。

請注意，上述那些不受歡迎的特質有許多是彼此相關的。自吹自擂顯然是一種自我中心的表現方式，無止境地抱怨自己的問題也一樣。這些建議的要點在於被人喜愛有很大的程度關乎喜歡別人且關心別人。也請留意，在許多情況下，讓你更受歡迎的理由也會讓別人更加快樂，因此遵循這些建議可能是件好事，不僅對你自己而言，對別人來說也有好處。

20 應該永遠以誠實為上策嗎？

康德、彌爾談善意的謊言

黛西阿姨送你一份生日禮物。你打開包裝紙之後看見一件很醜的毛衣，黛西阿姨則帶著期待的表情望著你。「你喜歡嗎？」她問。

你會怎麼回答？

很多人會選擇說謊。我們會回答：「噢，好漂亮的毛衣！我正好需要一件這樣的毛衣。」但這是正確的作法嗎？我們應該永遠以誠實為上策？

德國哲學家康德就是這麼認為的。根據康德的觀點，我們應該嚴格遵守道德規範，沒有例外，比如「不可偷竊」和「不可說謊」。無論在什麼情況下，我們都不能說謊。假設有一個瘋子拿斧頭闖進你家，追問你的家人躲在哪裡，即使說謊是救家人一命的唯一方法，康德也會說，你絕對不能說謊。大多數人應該都會認為這種觀點極為荒謬。

康德對那件醜毛衣的建議顯然也是：不要說謊！當然，這並不表示你應該說出真心話。或許，與其說些無傷大雅的謊，不如請黛西阿姨喝杯茶，分散她的注意力，或者假裝說「我是不是聽到電話聲？」然後走出房間。不過黛西阿姨可能會因此猜到答案，所以避免令她失望的唯一方法也許是公然說謊。康德表示，讓黛西阿姨失望以及害你的家人死於手持斧頭的瘋子之手都可能是不說謊帶來的不幸後果，然而你**有責任**不說謊。康德堅持我們的行為後果與道德並不相干。

問題是，幾乎沒有人認為我們的行為後果與道德並不相關，所以我們大部分的人會拒絕接受康德的觀點。英國思想家約翰．史都華．彌爾（John Stuart Mill）等主張「結果論」的哲學家也拒絕接受康德的觀點。彌爾認為，就道德而言，最重要的其實就是我們行為的結果。什麼結果？彌爾的答案是：**關於快樂的結果**。就道德而言，正確的作法就是去做能產生最快樂結果的事。

這種被稱為**效益主義**的特殊結果論觀點，會希望你如何回應黛西阿姨的禮物

結果論（Consequentialism）：結果論是一套以行為結果來判斷該行為對錯的道德理論。

呢？你應該說謊還是不說謊？根據效益主義者的看法，你必須加以評估，考慮說謊和不說謊的後果，接著再去做估算之後會產生最快樂結果的事。如果你認為說出對毛衣的真實想法會讓黛西阿姨心煩意亂，而你說謊會讓她和其他人快樂，那麼你就應該說謊。這種簡單的效益主義形式就是如此。

不過，我們面臨的一項困難，是不容易評估出哪種行為能產生最快樂的結果。如果你對黛西阿姨說謊，她現在可能會覺得開心，但事後她可能會發現真相而更加沮喪。或者，也許她已經懷疑自己買了你不喜歡的禮物，如果你說出實話，可以省得她苦惱。假如你對黛西阿姨說實話，你自己也可能會比較快樂：你可以因此收到真正喜歡的禮物，而且不必因為說謊覺得難過。要平衡各種因素絕非易事。

當然有人會批評效益主義：為了讓人們整體而言覺得快樂，欺騙就算好事嗎？美國哲學家羅伯特・諾齊克（Robert Nozick）提出一種名為「體驗機」的假想設備，只需按下按鈕，這台機器就能產生你想要有的任何體驗（我們在第九章〈為什麼我無法享受人生？〉中也幻想過類似的機器）。請想像這台機器可以創造出《駭客任務》的虛擬世界，讓我們沉浸其中。我們可以體驗任何感知與樂趣，也可以品

效益主義（Utilitarianism）：又譯功利主義，主張欲追求社會的最大幸福，應考量行為的結果能否帶來最多的快樂。

嘗最美味的食物、與喜歡的人玩色情遊戲，或者去聽歌劇——我們可以做任何想做的事。但如果你可以將毫不知情的人關在這台機器裡，讓他們在機器裡過一輩子。我們假設他們會非常開心，尤其如果（我們就這麼假設吧）他們以為自己經歷了真實發生的事。

所以，如果你把別人囚禁在機器裡，就能增加整體的幸福感，然而這在道德上是正確的作法嗎？當然不是。沒錯，別人會比較快樂，但人生並非只有快樂，不是嗎？我們也希望擁有真正的體驗，尤其是真實而非虛假的成就感。倘若某個一輩子幸福的人，卻不知道自己所有的關係都是假的：他的伴侶並不存在，他深感自豪的成就——登上聖母峰、養育兩個漂亮的孩子——其實全是謊言，那麼他肯定失去了一些極為重要的樂趣，無論他自己是否意識到這一點。大多數人會把擁有真實的人生看得比快樂更重要——如果快樂的意思是「感覺良好」。德國哲學家弗里德里希・尼采（Friedrich Nietzsche）曾說：「人類並不會努力爭取快樂，只有英國人才會那麼做。」他顯然就是在暗指彌爾那些效益主義者。

當然，就道德而言，上述說的並非表示感覺良好完全不重要。沒錯，康德認為

「我們的行為後果與道德上該怎麼做並不相干」的見解可能是錯的，我們當然必須考慮自己的行為對他人的快樂與福祉會產生何種影響，然而依我和許多人的觀點，快樂並不是我們在道德層面評估該怎麼做時唯一需要考慮的事。在前面的例子中，也許你還是得對黛西阿姨說出真心話？

21 美感只存在於觀賞者的眼中嗎？

科學家伽利略與哲學家柏克萊談感官經驗

假設我正在觀賞極其美麗的夕陽，最後一道陽光以非常特別的方式照亮雲層，使我眼前的景致呈現賞心悅目的輪廓。我被這樣的美景深深震撼。

但我們來思考一個問題：美在哪裡？我可能認為答案顯而易見：美在夕陽之中，夕陽是美的！然而，有人反駁我的看法：「不對，美不在夕陽裡，而是**在觀賞者的眼中**。美存在於你的眼中！」

他們這麼說是什麼意思呢？這種思維似乎表示，雖然有些屬性確實「就在那裡」——獨立於我們個人及思想之外——而有些屬性卻不是這麼一回事。夕陽具有各種屬性，例如會在特定的時間出現、會呈現特定的形狀等等。這些屬性確實「就在那裡」，獨立於任何觀賞者的想法之外，然而美的屬性並非「就在那裡」，而是在「我們的心中」。

類似的觀點也經常被套用在聲音上。森林裡一棵倒下的樹木，如果那棵樹旁邊沒有人在，它倒下時會發出聲音嗎？有一些人認為聲音「就在那裡」，獨立於我們的思維之外，另一些人則堅持認為聲音只存在於聆聽者的耳朵裡——或者可能存在於神經系統中。如果沒有人聽見聲音，聲音就不存在！

義大利科學家伽利略（Galileo）對色彩的觀點也是如此。他認為物體雖然具有形狀、大小、數量和位置等屬性，但是沒有色彩。伽利略表示，色彩完全存在於我們這些觀看者身上，「如果我們不看，色彩屬性將因此消滅殆盡」。

我們為什麼要相信他的說法？這個嘛，一個最普通的理由，是形狀、大小、數量和位置等可測量的屬性，最後都能夠用科學加以解釋，但據說科學無法解釋色彩，因此有些人認為，這就是色彩不像其他屬性能完全客觀地「就在那裡」的充分理由。

當然，我們沒有理由認為自己的感官能在各方面代表這世界的真實樣貌。就某種程度而言，表象具有誤導性，因此我們的感官也許修飾或污染了這個世界。如果這世界不受我們思想作用的影響，可能會更為簡樸。也許我們誤將大量存在於我們身上的東西「投射」到這世界。

這些認為「色彩、聲音、美感和其他如味道、口感、美味與否及噁心程度的屬性在本質上是來自於思想」的觀點，被稱為**反實在論**。關於美感的議題，反實在論者認為日落之美實際上取決於像我這種觀賞者的心靈。

不過，我們真的認為在沒有觀賞者的情況下，事物就沒有顏色、氣味或聲音嗎？事實上，在顏色和聲音方面，哲學有一種有趣的折衷立場，雖然仍屬於反實在論，但至少有一定程度不算受到思想的影響。

以英國哲學家洛克關於色彩的理論為例。根據洛克對色彩的兩種定義之一，色彩存在於物體的某種力量或特性，並使我們產生特定的感知。就算沒有發生任何事，物體的特性也仍會存在。

以方糖為例。方糖具有可溶性，如果放進水中，方糖就會溶解。即便我們沒有把方糖放進水中，它仍具有溶於水的特性。事實上，就算我們用鐵鎚將方糖敲碎，

反實在論（Anti-realism）：有別於實在論主張客體（即此處的色彩、聲音、美感等）獨立於主體存在，反實在論則持相反意見。

以致看不出它在水中溶解，它仍具有這種特性。

同樣地，如果色彩只是**物體在我們身上產生的某種感知的特性**，即使我們沒有看著它們，它們仍會有顏色。事實上，就算從來沒有人看它們，它們也會有顏色。這種說法符合我們的常識：即使我們不看罌粟花，罌粟花還是紅色的；就算從來沒有人看罌粟花，罌粟花依舊是紅色的。

儘管如此，洛克的色彩特性理論還是屬於反實在論，因為他仍認為色彩與我們的心智相關，說明如下：請想像外星人看見罌粟花的反應。對我們人類而言，罌粟花是紅色的——因為它在我們身上產生某種感知表象（姑且稱這種表象為「R」）。假設由於外星人具有不同的神經系統，因此罌粟花在外星人身上會產生不同的感知表象，那種表象不是R，而是人類看見草坪時得到的感知表象（姑且稱這種表象為「G」）。洛克因而得出一種結論：對人類而言，罌粟花是紅色的，但是對外星人而言，罌粟花是綠色的。我們和外星人的感知都是正確的！因此罌粟花到底是什麼顏色，並沒有所謂的獨立於觀賞者的事實，罌粟花的顏色**與觀賞者有關**。所以根據洛克的論點，顏色仍與思想有關。

即使你認為罌粟花在沒有人看的時候是紅色的——就算從來沒有人看它，它也是紅色的——你依舊可以是顏色的反實在論者。聲音亦是如此：你可以認為一棵樹在森林裡倒下時會發出聲音（即使沒人聽見），但仍覺得聲音與思想有關（倘若你認為聲音只是一種產生特定聽覺體驗的特性）。我們也能這樣看待美感：日落很美，即使沒有人看見依然很美。不過美感在本質上是主觀的，我們覺得美麗的事物，對外星人而言可能很醜。

如果你覺得美感、顏色和聲音的反實在論思想有道理，那麼道德呢？謀殺或竊盜的錯誤究竟是在於行為本身，還是在於旁觀者的觀點？蘇格蘭哲學家休謨以其對道德抱持反實在論觀點而聞名。他說，如果你試著透過觀察某種行為來找出其「邪惡」或錯誤，那就永遠無法找到，「除非你用自己的心加以反思，找出你心中對這種行為萌生不贊同的情緒……邪惡與錯誤只在於你的想法，而不是來自你所觀看的對象」。

或者，假如你願意思考一種大膽的反實在論版本，可以想一想愛爾蘭哲學家喬治．柏克萊（George Berkeley）的論點：他確信不僅顏色、味道和聲音都不是獨立於思想外的「就在那裡」，就連實質物體也不是。柏克萊認為實質物體只存在於觀看者的思想之中。如果你問柏克萊：「倘若一棵樹在森林裡倒下，可是沒有人聽見，它還是會發出聲音嗎？」柏克萊會堅稱，假如沒有人看見那棵樹倒下，不僅那棵樹沒有發出聲音，那棵樹也根本不存在。只有我們的思想和知覺存在，其他的事物都不存在。柏克萊同意樹木在我們沒有看見它們時仍繼續存在的唯一理由，是他認為上帝持續看著它們。上帝堅定不移的目光使整個宇宙得以存在！

你是實在論者還是反實在論者？你認為樹木倒下時會發出聲音嗎？你相信在視線之外的事物有顏色嗎？你覺得當冰箱門關上之後，裡頭的東西都會不見嗎？你認為美感只存在於觀賞者的眼中嗎？

22 世界為什麼這麼混亂？

心理學家平克看世界的混亂與進步

當我們問「世界為什麼這麼混亂？」時，我們的意思是：為什麼世界沒有**比實際情況更好**？我們心裡先設想這世界該有的樣子，然後面對這世界的實際情況，而實際情況與理想狀況相去甚遠。因此真正的問題是，為什麼這世界不符合理想狀況呢？當然，這通常是宗教人士才會提出的問題。

另一方面，如果有人將抽屜拉出來並翻倒在地，然後檢視隨之產生的混亂局面，他們不太可能驚呼「為什麼這些東西亂七八糟？」，因為它當然會亂成一團。如果你把抽屜裡的東西全部倒出來，還能有什麼樣的結果？你可以預料到自己所見的混亂場面。事實上，如果從抽屜倒出來的東西沒有呈現一片混亂，那才真是一件怪事。如果從抽屜翻出來的衣服全都整整齊齊地疊好，所有東西也都依照顏色排列好，那真的需要有人出來解釋一下。但如果抽屜裡的東西全部凌亂散落在地上，根本沒有什麼神祕之處。

同樣地，如果我們認為人類是來自天擇、隨機和偶然的力量，為什麼要對人類最後陷入的混亂感到驚訝呢？這難道不是我們應該預期的結果嗎？

另一方面，如果你把這世界視為某種計畫的成果——也許是上帝的計畫——這種計畫會詳細指定各種事物該如何發展，那麼你很可能會暗忖：這不是事物該有的樣子。因此你很可能會質問：「這世界為什麼不是它該有的樣子？」

答案是：因為**我們是有缺點的人類**。當我們無法隨心所欲時，很容易產生自私、短視的想法，並且會動怒甚至有暴力傾向。沒錯，也許這世界應該要變得更好才對。也許我們或上帝都計畫並打算讓這世界變得更好，可是身為人類的我們卻搞砸了一切。我們是有缺陷的人類，這是宗教人士和無神論者都認同的，即使他們對於我們有缺點的理由抱持不同見解。有些人認為我們有瑕疵是因為我們繼承了亞當和夏娃的原罪，有些人則認為我們的缺點是演化而來的。

另一種詢問「世界為什麼這麼混亂」的方法，就是拿這世界與以前的樣子對照。為什麼往日時光如此美好，現在卻變得那麼混亂？

幾年前我受邀參加一場會議，主題是關於「後基督教」的未來。參加者形形色色，但大部分都是宗教信徒，甚至包括一些主教。可以預見地，為期兩天的活動開始後，參加者便談到他們對這世界變得多麼糟糕而感到絕望，並且對道德的淪喪深感擔憂。這確實正是該會議的開場主題。參加者普遍認為社會道德萎靡，而且失去指導方針。然而經過兩天的討論，到最後大家舉手表決：從道德的角度來看，這個世界到底是變好、還是變糟？令人驚訝的是，表決結果有戲劇性的轉變：經過反思之後，大多數人認為現在的情況比五十年前或一百年前要好得多。在會議過程中，參加者提醒自己我們以前對其他種族、婦女、同性戀者和少數族群的道德態度多麼惡劣，而現在就整體而言，我們的國家變得比較有道德，而非較不道德。

當然，人們普遍認為這世界正「迅速地愈變愈糟」，因為報紙經常描繪現代英國令人沮喪的慘況。許多報導大幅談論例如移民（尤其是非白人的移民）、依賴社會福利的寄生蟲、犯罪率上升以及年輕人不重視道德又濫交的「問題」。有趣但也令人擔憂的是，這些話題剛好都是英國大眾最容易被誤導的話題。比方說，英國民眾認為約有百分之三十一的人口是由移民組成的，但實際數字僅為百分之十五。英國民眾認為黑人與亞裔占了人口的百分之三十，但實際比例約為百分之十一。人們認為社會福利金當中每一百英鎊有二十四英鎊被詐領，但官方統計大約只有七十便士。人們認為犯罪與暴力節節上升，但實際上正明顯下降。人們估計十六歲以下的女孩子每年有百分之十五的人會懷孕，但實際上官方統計只有百分之零點六的人。

所以，事情似乎沒有你想像的那麼糟，尤其如果你是因為一天到晚只讀那些廉價小報而被誤導。

事實上，如果我們退一步思考，並且以更全面的角度來看這世界，人類似乎在諸多方面都持續取得了巨大的進步。加拿大認知心理學家史迪芬・平克（Steven Pinker）教授認為，儘管許多人都認為世界愈變愈糟糕，但是在很多重要面向看來，這世界其實不斷地變好。平克引用了報紙專欄作家富蘭克林・皮爾斯・亞當斯（Franklin Pierce Adams）的話：「記憶的偏差導致我們認為往日時光比較美好。」

舉例來說，平克指出全世界的貧困問題已有很長一段時間持續減少、人類的健康狀況也一直持續改善，而且犯罪率與凶殺率下降了、饑荒減少了、戰爭減少了、教育也提升了。儘管有些地區的情況會忽上忽下或者退步，但根據平克的說法，整體趨勢在很大程度上呈現進步的狀態。平克將大部分的進步歸功於科學與理性，因為無可否認的，科學在很短的時間內改變了我們的生活。在幾百年之前，人類還沒有發明有效的麻醉劑，也還很少具備療效的藥物，而且沒有電力或冷凍設備，更沒有汽車、火車、飛機、電腦或網路。

當我們問「世界為什麼這麼混亂？」時，值得記住的是：雖然這世界在諸多方面毫無疑問地非常混亂，但是在許多重要面向上也不斷在改善。

平克認為我們在許多重要面向取得了進展是正確的，但這世界仍有某些事正在衰敗。許多人在回應平克的論點時都指出不平等現象已經迅速加劇，雖然經濟進步了，代價卻是犧牲目前已瀕臨危機的環境。同樣值得記住的：儘管我們人類可能正在進步，其他的許多物種卻沒有這麼幸運。我們正經歷一場巨大的人為浩劫。生態學家斯圖亞特·皮姆（Stuart Pimm）認為，物種滅絕的速度已比自然造成的死亡速度高出一千倍，未來甚至可能會高出一萬倍。

話雖如此，我們也不要太過悲觀，別忘了人類在諸多方面已有顯著的進展。沒錯，人類確實有缺點，但是我們已經愈來愈了解自己的缺點，也愈來愈清楚如何應對。

23 我的人生什麼時候才會開始？

跟著哲學家詹姆斯邁開人生的步伐

許多人覺得自己被困在人生的難關，只能沮喪地看著別人從自己身旁飛馳而過、朝他們選擇的目標奔去，而自己卻無處可去。這種感覺在接近新年的時候可能會更加強烈。又過了一年，我有任何長進嗎？也許沒有。我們可能會透過訂定新年計畫讓自己動起來，相信自己今年真的、真的、真的會開始健身、會考取新的證照、會找到人生伴侶或更好的工作。不過，我們也經常再次停滯不前。

那麼，讓事情動起來的祕訣到底是什麼？

也許我們需要專注在養成更好的習慣。根據美國哲學家暨心理學家威廉・詹姆斯（William James）的見解，養成良好性格的祕訣不在於培養正確的情操或意念：

「眾所周知，只要心懷正念，困境就能被剷平。」因為無論你多麼真誠且熱情，光告訴自己「今年我絕對、絕對會……」也不太可能產生多大的影響力。詹姆斯認為成功的關鍵在於養成良好的習慣。他以一則軼事來說明習慣的力量：

某個喜歡惡作劇的傢伙說了一個可能沒有真實發生但可信度十足的故事：他說他遇到一個剛買好晚餐準備回家的退伍老兵，便故意突然大喊一聲：「立正！」那個退伍老兵立刻將雙手放下，手上的羊肉和馬鈴薯因此全都掉進水溝裡。由於那個老兵受過的訓練非常徹底，這個口令效果已經深入他的神經系統。

當行為變成習慣時，幾乎就不需要努力或思考。詹姆斯認為我們應該採用對我們有幫助的方式來訓練自己，如此一來我們的行為就會變得非常自動：

在各種教育方式中，最棒的事……就是讓我們的神經系統成為我們的盟友而非我們的敵人……基於這個理由，我們必須盡早讓多種有用的行動變得自動且習慣……我們將愈多日常事務變成無須費力的自動反應，就愈能釋放出更高度的心靈能力，讓那些能力去完成我們該做的事。

養成良好的習慣是成功的關鍵，這個觀點早已是老生常談，也是許多提升自我的哲學與書籍的主題。我完全不懷疑這個觀點有道理。

我們通常不僅缺少好習慣，還養成了阻礙我們進步的壞習慣。我們很容易陷在將我們困住的日常慣例中，宛如滾輪裡的倉鼠，消耗了大量精力卻沒能去到任何地方。改變這些壞習慣可能需要相當大的努力，因此讓年輕人養成好習慣比改正他們已養成的壞習慣會容易得多。

假設你已經養成某些妨礙你進步的習慣，而且你想改掉那些壞習慣，那麼就訂定一個時程表並且堅持去做，如此一來可能會有幫助。舉例來說，如果你想瘦身，不要只是加入健身房會員並承諾自己每個星期要去健身兩、三次，而是應該排定哪幾天的哪些時段去健身，並且輸入到電子行事曆中、設定提醒的鈴聲，然後專注堅持這種運動模式。過不了多久，你就會發現自己要去運動之前已經可以毫不費力地準備就緒，因為這麼做已經成為你的例行公事。你也可以如此有效安排其他的事務，例如社交活動和讀書的時間。依照這種方式去做，我們就可以像詹姆斯所說的：「讓我們的神經系統成為我們的盟友而非我們的敵人。」

不過，讓你陷入困境的壞習慣並非你無法進步的唯一原因，其他原因還包括你對於「承諾去做」所萌生的緊張情緒。有些人在一切計畫周全之前不會採取行動，而且認為自己計畫無誤，並相信自己一定會成功。不過我們很難完全確知事情會有什麼樣的發展，因為計畫常常會出錯，我們的處境也經常發生無法預期的變化，以致無法確定自己是否選擇了正確的道路。風險是無可避免的，如果我們太過謹慎，就會限制自己的進步。

對於失敗的恐懼可能會是實現目標的巨大阻礙（請參考第三十三章〈如果我失敗的話怎麼辦？〉）。我們都會經歷許多失敗，但如果你經過幾次失敗就放棄，將注定永遠無法達成目標。你會卡在人生的難關，眼睜睜看其他人超越你。因此堅持下去很重要。

24 為什麼我老是生氣？

斯多葛哲學的修身養性之道

我們都會生氣。我們會弄丟鑰匙、我們的電腦會在最糟的時刻當機、我們的車位會被別人占走。在這些情況下，我們都會突然感到憤怒，這樣的反應很自然。但如果這種怒氣一直沒有消失呢？有些人似乎永遠都在生氣。如果你經常或大部分時間都在生氣，你該怎麼辦？

當然，某些人總是生氣的原因很容易解釋。如果他們遭受嚴重且持續的不公平對待——例如蒙受不白之冤而入獄——他們顯然會非常憤怒。經歷過可怕事件的人也可能會留下無法消退的怒氣。憤怒亦可能是身體的荷爾蒙或其他因素失衡所引起的。如果你大部分時間都感覺憤怒，很可能是因為這三種原因之一導致的。倘若確實如此，或許你可以從律師、治療師或醫生那裡得到一些有用的幫助。

那麼哲學呢？哲學能幫助憤怒的人嗎？斯多葛學派認為可以。偉大的羅馬斯多葛哲學家之一塞內卡（Seneca the Younger）認為憤怒是一種暫時性的瘋狂。他說：「其他惡習會影響我們的判斷力，憤怒則會影響我們的理智。」塞內卡認為我們永遠不應該在憤怒時採取任何行動。

斯多葛學派的一項重要思維，是我們必須以理性來釐清這世界實際上如何運作，而非只想著我們希望它如何運作，這樣才不會在事情未依我們想要的方式發展時感到沮喪、憤怒，並導致其他的負面結果。希臘的斯多葛哲學家愛比克泰德（Epictetus）說得很對：「我們必須充分運用我們能夠掌控的事物，至於其他的事情就順其自然。」真正的斯多葛學者會表現出堅忍與自制，控制自己具有破壞性的情緒，並且盡可能以理性來解決生活中的問題

舉例來說，假設你在前往重要的工作面試時車子突然拋錨，你只好打電話給道路救援服務，並且盡全力確保自己能準時參加面試。在這件事情上，你的一切掌握在命運手中。許多人遇到這種情況時會感到焦慮和憤怒，然而這些負面情緒不僅沒

有幫助，還可能會使情況惡化。斯多葛學者在這種情況下會保持冷靜且鎮定，接受他們當下無法改變的事。我們發現無法改變糟糕的處境時，就必須改變自己，如此一來才不會痛苦。

另一個例子是：你在推特上可能會遇到一些態度不佳的人，他們有時會刻意侮辱或挑釁你。由於他們充滿綠巨人浩克般的怒氣，你很容易也會被他們激怒，但那就是挑釁者想要的結果。斯多葛學者的建議是：不要讓這種羞辱影響你。愛比克泰德更進一步建議：侮辱造成的傷害，實際上是**我們自己**造成的，因為我們允許那些侮辱傷害我們。相反地，如果我們像岩石一樣保持冷靜且不受影響，無論網路上的挑釁者多麼尖銳殘酷，也永遠無法傷害你。

不過，動怒有時候很有用，不是嗎？如果士兵在戰場上發怒，難道不會使他們作戰更有效率嗎？當你為自己的性命奮戰時，憤怒難道不會對你有幫助嗎？塞內卡認為不會。他說：

> 如果理性的表現能達到相同的目的，憤怒有什麼用？你覺得獵人會對他捕殺的

野獸發脾氣嗎？當野獸攻擊他的時候，他會奮力對抗；當野獸逃走的時候，他會一路追蹤。這一切都得運用理性，而不是靠憤怒。

如果你正在與攻擊你的野狼搏鬥，你不太可能因為沒有對野狼動怒而屈居劣勢。事實上，為性命奮戰時如果添加了憤怒的元素，不僅無法帶來正面的效果，還可能會因為衝動又不理性的行為，而鑄下大錯。職業拳擊手都知道憤怒會對良好的技巧帶來負面影響，使得動怒的拳擊手居於劣勢。

因此，根據塞內卡的見解，憤怒從來不會有任何助益。當你覺得怒氣開始萌生的那一瞬間，就應該立刻停止生氣：

最好的方式是直接拒絕引發怒氣的刺激，從一開始就抗拒憤怒，並留意不要誤入歧途而動怒，因為一旦怒氣開始使我們失去控制，我們就很難再次恢復到平靜的狀態……

不要以為生氣才有男子氣概，斯多葛學派的羅馬皇帝馬可・奧理略（Marcus Aurelius）表示：

> 當你受到刺激而動怒時，想一想以下的真理：發怒並非具有男子氣概的表現。相反地，由於溫柔與和善才符合人類的天性，所以這種人更有男子氣概。溫柔與和善之人才擁有力量、膽識及勇氣，憤怒不滿的人則無法擁有。

然而，憤怒對我們真的沒有任何好處嗎？如果憤怒無法幫助我們人類生存或繁衍後代，為什麼人類會演化為能感覺憤怒呢？

就像其他的生物一樣，我們人類演化成能感受憤怒的情緒，是因為憤怒的情緒會觸發某些行為——例如咆哮和罵人——而這些行為可能會對我們有所幫助。很顯然地，有時候採取激進甚至暴力的行為是合理的，例如為了保護自己。但我們也可以在不發怒的情況下表現出侵略性。請留意：塞內卡並沒有叫我們不要採取激進的行動，他只說不應該在憤怒時做出任何行動。我們可以像武術家李小龍一樣，在必要的時候表現地凶猛，但內心永遠保持平靜。

如果你確實覺得自己一天到晚都在生氣，請試著聽聽看斯多葛學者的建議。比方說，斯多葛學者建議我們冥想一些無可避免的挫折，如此一來，當那些挫折發生時，我們就會有心理準備，因此不會輕易動怒。美國哲學家瑪莎・納思邦（Martha C. Nussbaum）在寫到過去曾遭南非政權非法監禁的南非國父納爾遜・曼德拉時表示：

> 他經常說自己很容易動怒，因此必須努力控制自己不採取報復行動。根據媒體報導，在他被監禁的二十七年中，他被迫練習一種有紀律的冥想，好讓自己的品格能持續精進，以免於陷入憤怒的陷阱。現在看來，羅本島上的囚犯很可能有一本斯多葛哲學家馬可・奧理略的《沉思錄》，為他們提供耐心對抗憤怒侵蝕的典範。

如果你發現自己老是在生氣，你可以像曼德拉一樣透過閱讀斯多葛學者的話語來獲得助益。

斯多葛主義並不是任由別人欺負你。斯多葛學者不會說：不要費心改變任何事，讓別人隨便對待你。相反地，斯多葛學者認為，不要浪費時間去煩惱無法改變的事，你採取行動時不應該是因為憤怒，而應該是基於理性。斯多葛學者是有原則的人，他們會為正義而戰，並且站出來反抗壓迫。

25 我是誰？

哲學家休謨談何謂自我

通常，每當有人問我們是誰時，我們可以毫無疑問地回答。我們可以說出自己的名字、說出我們住在哪裡，也許還會說出我們的工作、家庭及興趣。當然，如果你因為撞到頭而失去記憶，那麼就無法提供這些資訊，不過我們大都可以毫不費力地明確說出自己是誰。

奇怪的是，當人們以「哲學」的口吻提出相同的問題時，我們卻很難給出答案。當牧師、心理諮商師或宗教領袖問我們到底是誰時，他們想聽到的似乎是另一種答案。突然之間，許多人會發現自己被這個問題困住了。

為什麼會這樣？為什麼我們不知道自己到底是誰？這種既神祕又難以理解的

「真實自我」到底是什麼？要如何才能找出來？也許得透過檢視我們自己的內心？

許多人認為「真實的自我」是一種隱藏的自我，被我們鎖在內心深處，因此最好的尋找方式就是進行自我反思。真的是這樣嗎？

蘇格蘭哲學家大衛·休謨以尋找其內在自我而聞名。休謨將注意力放在探索自己的內在，並且發現了各種思緒及感受——例如記憶、色彩感知經驗、痛苦的感受等。不過，休謨認為他的「自我」只是一種具有這些想法和感受的額外事物，而且從未出現過。由於他相信所有的概念都是從經驗而來，因此他的結論是他對這種內在靈魂或所謂的「自我」並沒有概念。根據休謨的見解，「自我」這種額外事物不會超出我們所經歷的內在思想和感受。相反地，「自我」就是那些思想和感受。這個理論被稱為休謨的「自我叢束理論」。

將我們的注意力轉向自己的內在，也不是找出我們真實模樣的可靠指引。我們重視的許多特質——包括勇氣、毅力、決心和正義——都是體現於（實際上是包含）我們遇上困難時的行為表現。勇敢之人是在陷入可怕處境時表現良好之人。

唐納·川普先前在談到佛羅里達州帕克蘭的高中槍擊案時表示：「我真心覺得

自我叢束理論（Bundle theory of the self）：根據叢束理論，客體（即此處的「自我」）是由一連串屬性與關係的集合所構成。

我會衝進去，即便我沒有防身的武器。」雖然川普可能真心這麼認為，但是他敢手無寸鐵地跑進去救那些學生嗎？事實上，除非真的遇到這種情況，否則他無從得知，我們當然也沒有答案。人的勇氣不能只靠紙上談兵，而是得在我們遇上苛刻處境時的行為來表現。

因此，也許發現「真實自我」的祕訣不在於安靜沉思，而是要把自己放在苛刻艱困的情境。如果你從未經歷過那樣的處境，就永遠無法得知你的「真實自我」——公允地說，川普也承認這一點。川普說：「在真的遇上之前，你永遠不知道自己會怎麼做。」

那些問「但我到底是誰」的人可能也會問：「我來到這世界是為了什麼？」「我的人生目的是什麼？」如果你的孩子拿著剪刀來問你：「這是什麼？」你會藉著說明剪刀的用途來提供解答——這是用來剪東西的。因此，要回答「我到底是誰？」就必須先釐清自己為什麼來到這個世界——我的人生目的是什麼？

回答這個問題的其中一種方式，可以是討論職業：「目前我是一名銀行經理，但那不是我真實的身分，因為我其實是音樂家——音樂才是我的天職。」不過，我不認為詢問多數「我是誰」這種問題的人是想尋找職業建議。

當然，正如我們在第十四章〈我的人生有意義嗎？〉討論過的，「我來到這世界是為了什麼？」的答案之一，是我們每個人在這世界都是為了生存與繁衍——將我們的遺傳基因傳給下一代，因為這是我們身為人類被賦予的角色。雖然就某種意義而言，這無疑是我們來到這世界的目的之一，但我懷疑這個答案有助於回答「我是誰」的問題，因為這個答案太平淡無奇了，不是我們要尋找的那種答案。

也許我們覺得「我是誰」這個問題太難以捉摸，最終得出我們不知道自己是誰的結論，這背後部分原因是我們太糾結於細節而忽略了整體。

沒錯，我們都在「角色」扮演，我們都得在不同情況下飾演不同的角色。和家人在一起的時候，我表現出某一種性格；工作的時候，我展現出另一種比較正式的性格；和朋友在一起的時候，我又扮演另一種角色。到底哪一個才是「真正的我」呢？我是這些角色其中之一，還是某個還沒上臺的「額外」角色？

英國哲學家吉爾伯特．賴爾（Gilbert Ryle）提出一種可能有幫助的類比：一些觀光客到牛津大學散步，他們參觀了各個學院、科系，但是到最後他們問：「這裡的一切都很有趣，但是牛津大學到底在哪裡？」這些觀光客犯了一個錯誤，他們以為大學是學院與科系之外的「額外」事物，然而大學就是這些學院與科系所組成的。有人想要尋找「真正的洋蔥」，便將洋蔥一層一層剝開，到最後仍一無所獲，但是他從頭到尾一直在尋找真正的洋蔥。

因此，也許真正的你並非額外的「事物」，隱藏在別人看見的日常生活細節之外。相反地，那些日常生活細節就是真正的你。真正的你不是一個神祕又模糊的角色，依然站在舞臺邊緣等待上臺的機會。真正的你就在你公開詮釋的各種角色以及你公開展現的各項特質之中。

如果這種說法正確，或許別人會比你更清楚「真正的你」是什麼模樣？

26 如果我永遠找不到愛情該怎麼辦？

科學研究揭曉人類對另一半的渴望與焦慮

你很可能早就已經找到了愛。你可能有親愛的父母及兄弟姊妹，也可能有親愛的親密好友。當然，那些表示自己在「尋找愛」的人通常是想追求浪漫的情愛，他們想要的愛，坦白說還包括性愛。

但性愛也不完全就是我們所追求的愛，因為短暫的情愛關係並非我們所求。「尋找愛」的人通常是想找**人生伴侶**：一個堅定地與我們長久、單一交往並建立終身關係的人，而且這個人通常會是我們希望結婚的對象。

人們通常認為女性比男性更渴望擁有人生伴侶，出版市場也特別針對尋找愛情的異性戀女性推出許多書籍，例如《大齡女性如何找到愛情並步入禮堂！》（*How to Find Love & Get Married!: No-Nonsense Dating for Women in Their 30s & 40s*）及《Get the Guy：男人完全解密，讓妳喜歡的他愛上妳！》。然而，研究顯示，男性其實也同樣渴望找到愛情。美國智庫皮尤研究中心的報告指出，年輕的女性和男性同樣想結婚，而且兩性都相信擁有成功的婚姻是人生最重要的事情之一。

當然，並不是每個人都想要擁有人生伴侶，可是很多人想要。我們擔心的問題不在於如何找到人生伴侶，而是因為我們深切渴望這種關係，萬一我們永遠無法擁有這種伴侶該怎麼辦？萬一我們的真命天子或真命天女就是不出現又該怎麼辦？接下來我們該如何是好？

在嘗試回答這個問題之前，另外一個問題也值得我們思考一下：為什麼很多人希望擁有這種伴侶關係？為什麼我們就是想要而且渴望這種關係？

這看起來至少在一定程度上與生物學有關。如果我們想成功孕育下一代，擁有長期忠誠的性伴侶可能是我們最好的選擇。因此擁有這類伴侶的強烈渴望可能來自我們的天性，我們人類已經演化成想要擁有穩定的伴侶關係。人類並非唯一擁有這種渴望的生物，許多物種也會尋找終身伴侶，例如天鵝、信天翁、狼和長臂猿。

當然，我們能透過科學方式解釋為什麼想要人生伴侶，這項事實並無法解決這種渴望。想要呼吸以及口渴時想喝水也都是我們「內建」的欲望，這些都能透過科學加以解釋，但也無法因此解決這些渴望。

如果普遍渴望單一且忠誠的人生伴侶是我們演化結果的一部分，那麼接下來會發生什麼事呢？這並不表示我們會被這種渴求所困，至少在我們願意的情況下，我們仍可以成功抑制一些與生俱來的傾向。我們天生會有各式各樣的惡習，但我們可以有效地管理這類行徑。舉例來說，我們似乎被設計為一有機會就想吃含糖且高脂肪的食物，可是許多人都成功學會控制這種渴望的方法。

儘管如此，壓抑我們最深的欲望並不健康，甚至可能辦不到。許多人可能無法擺脫對人生伴侶的深切渴望，因為這不是一種我們可以輕易放下或拋諸腦後的渴望，即使我們希望如此。

萬一找到人生伴侶的渴望是你無法擺脫也無法實現的欲望——那又如何？可以理解的是，這樣的渴望會使你痛苦。即便如此，在你變得太沮喪之前，應該要提醒一下自己：能讓我們快樂的事物和我們以為能讓我們快樂的事物並不總是同一回事。事實證明我們人類並不擅長判斷什麼事物能讓我們快樂，甚至什麼事物會讓我們痛苦。

正如我們將在第二十八章〈為什麼我不珍惜擁有的一切？〉中談到的，許多人會認為在意外事故中失去一條腿令人不開心，然而事實證明截肢的人在經過一年之後並不會比截肢前更不快樂。所以，不要以為如果你永遠找不到愛情就必須過著悲慘且無法滿足的人生。事實上，這種假設反而可能會阻礙你找到真正的快樂，因為癡迷於滿足某種渴望往往會導致我們忽略其他更有希望實現的契機。

千萬不要誤以為「如果我能擁有這個東西，一切就會變得更美好！」長期的伴侶關係並非萬靈丹，特別異性戀女性在交往關係中經常比男性更辛苦，因為她們傾向做更多家事、付出更多情感。請小心自己的欲望，因為這種渴望最後可能給妳帶來大量的家務事。

許多人都能在沒有伴侶的情況下擁有充實幸福的人生，對女性而言尤其如此。單身的女性比單身男性來得快樂，因為女性更擅長社交、更有可能擁有彼此支持的親密好友。研究結果也顯示，沒有伴侶的女性往往更常參與社交活動，而沒有伴侶的男性則較少參與社交活動。

沒錯，被迫活在深深受挫的渴望之中可能會讓人痛苦，但請記住滿足那些渴望也可能導致無法預見和令人不愉快的後果。最重要的是，請記得，即使夢想破滅，我們還是可以擁有充實且幸福的人生。事實上，我們有時會在夢碎時才發現與該夢想同樣珍貴、甚至更有價值的事物。

27 為什麼好人會受苦？

科學家與上帝如何面對人的苦難

從科學及自然主義的角度來看，好人會受苦的事實並非意料之外。沒錯，好人也會受苦肯定是預料之中的。大自然的事件往往會對人類和其他有知覺的生物造成可怕的後果，比方說，大自然會導致疾病和帶來天災。大自然才不在乎這些後果。大自然只會無情地碾壓人類、冷漠地傷害及屠殺人類，不分好人和壞人。因此好人無可避免地也會受苦。

不過，如果答案如此明顯，為什麼我們還要焦慮地質問為什麼好人會受苦呢？我猜，因為我們天生會被某種宇宙正義的觀念所吸引，大多數人在看到好人受到可怕疾病的詛咒時，都會忍不住心想：「這實在太不公平了。為什麼他們會生病？」

我們都希望好人得到獎賞、壞人受到懲罰。然而，當我們環顧周遭，這種結果顯然通常不會發生，而且還可能令人消沉沮喪。

當然，如果你相信上帝最後會讓所有壞事都被導正、所有美德都被獎勵，而且也會相信到了最後正義將會得到伸張——如果這輩子沒發生，也許下輩子會發生，這是一種令人欣慰的想法。然而，我們隨後又會遇到另一個謎題：為什麼公義的神要讓善良的好人在今生遭受如此可怕的痛苦？公義的神怎麼會創造出有可怕痛楚與苦惱的世界？當然，這種想法是某些人拒絕相信有神存在的普遍原因之一。許多無神論者都認為好人和無辜者也會受苦，就表示即便有某種智慧之神控制著宇宙，這種神也不特別慈愛或公正。

天堂能為這個問題提供解答嗎？如果天堂存在，而且好人可以上天堂，那麼他們今生經歷的痛苦，來生會得到更多補償嗎？因為如果他們能得到補償，正義才算伸張。

但若我們仔細觀察，依然很難釐清為什麼能上天堂就表示公正慈愛的神存在而且好人被迫受苦的事實可以正當化。布靈頓俱樂部是牛津大學裡的一個只收男性成員的菁英俱樂部，許多重要的國會議員都曾是俱樂部的成員。這個俱樂部成員喜歡在吃完飯後破壞餐廳，把餐廳搞得亂七八糟之後再交給餐廳老闆一疊厚厚的鈔票，說：「這些應該足以支付你的損失。」雖然他們賠償的金錢遠遠超出餐廳老闆的經濟損失，但這麼做顯然沒有糾正錯誤的作用，也不會使他們的行為在道德上獲得允許。單純的彌補無法擦去道德的污點。天堂也許能補償那些被迫承受神賜之苦的人（如果真有這種神存在），然而這種補償並不能使神造成或允許苦難發生的行為正當化。

神有沒有充分的理由讓好人遭受可怕的痛苦？那些相信神的人認為有，無論我們能否洞悉其原因。有些人說：「也許神的理由已經超出我們的理解範圍，畢竟我們只是區區人類，無可避免會有很多我們無法明白的事。」

或許面對苦難的正確態度就是盡我們所能減少苦難。近年來我們降低了兒童的死亡率，讓以往幾乎各個世代都會減少的兒童得以成長茁壯。我們還開發出麻醉藥以大幅減少我們的痛苦。我們也正在研發可以治癒甚至預防各種疾病的藥物。雖然好人會受苦，但至少我們在減少痛苦這方面已經取得重大的進展。

28 為什麼我不珍惜擁有的一切？

哲學家辛格談善行如何帶來愉悅

我們都努力實現目標。我們想要物質方面的滿足，例如更多的金錢、豪華的轎車、更好的房子。我們也致力建立新的關係、生養後代、獲取位階更高的工作、體驗與海豚一起游泳，以及追求其他非物質的東西。在我們實現目標之後，通常會感覺快樂一陣子。不幸的是，人類往往會習慣所獲得的一切，並經常在不久之後又變得沒有以前那麼快樂。剛取得重大體育成就的運動員或中了彩券的幸運兒會有一段情緒高漲的時期，但隨後會發現這樣的喜悅無法持續很長的時間。

為了維持愉悅感，我們會把注意力放在新的目標上。等我們實現新的目標，就會再次「達到」新的愉悅。這種愉悅通常很短暫，以致於我們會渴望得到更多。這種人類經常陷入的無限迴圈稱為「享樂跑步機」。實體跑步機上的人必須持續走動或跑步才能留在原地，英國心理學家邁克爾・艾森克（Michael Eysenck）認為我們對歡愉的追求也像被困在跑步機上，我們必須不斷努力，才能保持愉悅。

我們對歡愉的渴求，就像把我們放在跑步機上。哲學家聖奧古斯丁曾比喻欲望使我們像被固定在馬磨坊的馬匹，只能不斷地繞圈。奧古斯丁說：「事實上，欲望永遠不會停歇，因為它是無窮無盡的。就像人們說的，欲望的折磨沒完沒了，就像馬磨坊一樣。」

我們會恢復到影響歡愉事件發生前的狀態是有好處的，因為如果發生了讓你非常不快樂的事——比如說失去工作、甚至失去手腳——你也很容易在幾個月之後恢復到原本的快樂程度。美國心理學家菲利普・布里克曼（Philip Brickman）、丹・柯特斯（Dan Coates）和羅妮・珍諾夫—布爾曼（Ronnie Janoff-Bulman）於一九八七年共同發表了知名的研究〈彩券中獎者和事故受害者：快樂是相對的嗎？〉（Lottery Winners And Accident Victims: Is Happiness Relative?），他們發現雖然彩券中獎者會馬上變得非常快樂、失去手腳的人會馬上變得非常哀傷，但是短短幾個月

享樂跑步機（Hedonic treadmill）：用於形容人類在追求生命中欲望的過程，彷彿在跑步機上，要不斷向前才會獲得新的快樂。

之後，這兩種人的快樂程度又會變得大致相同。

我們應該如何擺脫享樂跑步機呢？我們該如何獲得更持久的歡愉呢？澳洲哲學家彼得・辛格（Peter Singer）於二〇一三年在TED演講發表的「如何做到有效的利他行為以及為何要做有效的利他行為」（The How and Why of Effective Altruism）中提到「利他行為」可為我們提供一條出路：

> 你努力工作賺錢，把賺來的錢花在你希望自己會喜歡的東西上。錢花掉之後，你會努力工作賺更多錢，然後花更多錢，以維持程度相同的愉悅。這有一點像享樂跑步機，你永遠無法離開這種享樂跑步機，而且你永遠無法真的感到滿足。成為一個利他主義者能為你帶來意義與成就，使你有堅實的自尊基礎，讓你覺得自己的人生具有價值。

彼得・辛格說，當代的消費主義生活方式是一個陷阱，使我們像希臘神話中的薛西弗斯（Sisyphus）一樣。薛西弗斯被懲罰將一顆巨石推到山頂，然後看著巨石滾下山，接著再次把巨石推上去，直到永遠。辛格認為永無止境地尋求購物消費帶來的短期歡愉，只能在前次的歡愉逐漸消失時再次花錢以獲得歡愉，但我們可以透過幫助他人來獲得比較持久的滿足。辛格建議我們從事「有效的利他行為」，以最實際的方式把錢用在幫助窮人和弱勢群體上。

已有證據顯示我們可以藉著改變生活方式來獲得更持久的歡愉。在第九章〈為什麼我無法享受人生？〉中，我們檢視了七種根據研究顯示能使我們變得更快樂的方法，其中一種就是如辛格建議的**幫助他人**。我們也可以嘗試其他的方法。在我們檢視過的七種提升歡愉的方法中，最後一種是**心存感激**。透過心存感激，我們既能提醒自己人生中有那些美好的事物，也能體認人生美好的事物之中至少有一部分超出我們所能掌控的範圍，所以我們必須感謝別人、感謝世界，甚至感謝某種更高的權力——進而與別人、與世界、與更高的權力產生更緊密的連結。

有一項為期十個星期的研究比較了兩組受試者：一組受試者每天寫下他們感謝的事物，另一組受試者每天寫下讓他們不開心或感到惱怒的事物。研究結果發現，第一組受試者變得更樂觀、對自己的人生感覺更好。有趣的是，第一組受試者的運動量也變得比第二組多、看醫生的次數變得比第二組少。將你感謝的人事物寫在日記裡或告訴朋友與家人，是幫助自己變得更快樂且更珍惜所有的一種方法。

29 我的人生到底在幹嘛？

跟著蘇格拉底學習過值得的人生

當別人問「你的人生到底在幹嘛？」時，有時候是一種隱晦的批評。比方說，如果某位阿姨問她的外甥女這句話，阿姨很可能是暗示外甥女正在虛度自己的人生。實際上，阿姨真正想問的是：「妳為什麼不去做我們期望妳做的事，例如打造成功的事業、結婚和生孩子？」阿姨想讓外甥女知道，至少從阿姨的角度來看，外甥女的表現令阿姨有點失望。

當我們問自己同樣的問題時，通常是因為我們對自己不滿意。我們可能覺得自己在浪費生命，我們讓自己失望了。

毫無疑問，有些人確實浪費了他們的生命，或者至少浪費了他們一部分的生命。我們有時候確實會被「卡住」，發現自己被困在沉悶、乏味的日常之中，無法朝著對我們很重要的目標邁進。我們也可能不確定自己的目標是什麼。我們是不是應該設定某些傳統的目標，例如找到一份好工作和擁有幸福的婚姻？還是應該把目光投向別的地方？

我不會在這裡建議你應該設定什麼樣的目標，但我會提醒你不要犯下我所謂的「偉大故事的詛咒」。人們喜歡聽精采的故事——故事情節必須具有令人滿意的敘事弧線。我們喜歡聽到壞人被打敗、英雄克服重重阻礙並獲得勝利的故事。我們喜歡有開頭、有過程、有圓滿結局的故事。

我們經常試圖改編自己的生活和別人的生活，以便符合這樣的敘事弧線。例如強調某些細節並省略其他部分來營造出引人入勝的情節，傳記故事和傳記電影經常這麼做，訃聞也是如此。當然，我們在聖誕假期期間寄出的賀節信件及卡片中所分享的生活點滴也是如此。

問題是，當我們全面檢視人生時，許多人的人生無法達到偉大故事的期望。現實人生通常邋遢又混亂，必須經過大量編輯和校訂才能呈現令人滿意的情節。因此，如果我將自己的現實人生與我在聖誕賀卡中讀到及在傳記電影中看到的人生進行比較，就可能會覺得自己的人生極為平庸，並且可能對自己的人生失望，因為我的人生無法通過成為偉大故事的考驗。

拿自己的人生與那些在很大程度上根本是神話的偉大故事做比較，絕對是錯誤的嘗試。即使我們的人生不像史詩般偉大也不像祕聞般豐富，我們依舊可以擁有美好又具價值的人生。一個從出生到死亡一直以不起眼的方式安靜無私地工作並改善別人生活的人，可能擁有非常具有價值的人生，儘管他的人生只能淪為非常乏味的傳記電影。你當然可以問「我的人生到底在幹嘛？」，但不要誤以為沒有偉大的人生故事就是虛度人生。

當然，問「我的人生到底在幹嘛？」是哲學家鼓勵我們問自己的問題。最知名的相關引言之一，是來自柏拉圖的《申辯篇》，該文提到蘇格拉底表示：「未經審視的人生不值得擁有。」根據柏拉圖筆下的蘇格拉底，假如你不探問一些關於自己正在做什麼以及應該做什麼的尖銳哲學問題，你的人生就是在浪費時間。倘若蘇格拉底說得沒錯，那麼問自己「我的人生到底在幹嘛？」至少能讓你的人生朝著有價值的方向邁出一步！

但是蘇格拉底說得沒錯嗎？他是不是在罵那些沒有對人生意義進行哲學反思的人虛度人生？當然，因為我是哲學家，你可能會期望我贊成人們進行哲學思考。我確實認為哲學思考對我們會有好處，而且已有證據顯示，從小開始進行哲學與道德反思（包括應該如何過生活）並且運用自身智慧及判斷力之人，確實能夠從中獲益。然而我不認為進行這種理智的反思是讓人生變得有意義的唯一途徑。那些無私助人但從不進行理智反思的人，難道他們的人生就沒有意義嗎？那些因為認知障礙而無法進行理智反思的人，難道他們的人生也沒有意義嗎？我覺得這樣的思維非常黑暗且令人不安。

30 我做了正確的決定嗎？

塞內卡與尼采談懊悔

以下是我的懺悔：我經常糾結於自己做過的決定。我會反覆思忖自己說過的話和做過的事，並且問自己：「這是最好的方法嗎？也許我應該採用其他的方法？」有時候這種有點像強迫症、不停回頭看的傾向會讓我變得嚴重焦躁不安，因而無法注意當下發生的事和接下來要發生的事。

有時候我會更超過：我不僅懷疑自己是否做了正確的事，還認定自己肯定做了錯誤的事。我會後悔自己的所作所為，甚至迫切希望能回頭做出不同的決定。有時候我會被自責壓垮。

這樣健康嗎？有些人會勸我：做過的事都已經做了，過去無法改變。因此我回首往事與質疑自己甚至懊悔所做的事，根本完全沒有意義。我不應該專注在無法改變的事物——我不可能改變的過去——而應該專注於我能改變的事物：現在和未來。

德國哲學家尼采建議我們應該努力活出不後悔的人生。尼采說：「我認為讓人類變偉大的祕訣，就是amor fati。」「Amor fati」在拉丁語中是指「對自身命運的熱愛」。對於我們的所作所為，後悔或自責是沒有意義的，因為做過的事無法改變。確實，尼采還補充說明，對自己的所作所為感到後悔，就形同「做了一次愚蠢的行為之後，又做了第二次」。

問自己是否做了正確的決定——或者後悔自己做過的事——對我們而言是天經地義的事，因為這是人類常態的一部分。但為什麼會這樣呢？倘若這麼做對我們根本沒有好處，為什麼我們會演化到這種惦記著無法改變之事的狀態呢？

答案是，這麼做當然對我們有好處。雖然我們無法改變過去，但我們可以從中學到教訓。那些回顧自己所做之事與所犯過錯的人，更能夠避免再次犯下同樣的錯誤。我們在腦中重播自己經歷過的種種情節，並且追問自己「我到底做得對不對？」這種自我檢討可能對我們很有幫助。

斯多葛學派關於深刻反省並懊悔的見解或許是正確的。斯多葛哲學家塞內卡、愛比克泰德和馬可．奧理略都認為後悔之類的負面情緒沒有益處，而應該避免那些情緒發生。畢竟過去無法改變，因此斯多葛學者認為我們在情感上不應該繼續糾結，也不應該因為悔恨無法挽回之事而深感困擾。然而，如美國哲學家馬西莫．皮戈里奇（Massimo Pigliucci）所指出，這並不表示斯多葛學派認為像這樣回顧過去是錯的，因為回顧過去可以幫助我們從所犯的錯誤中學到教訓。事實上，斯多葛學家塞內卡在他的著作《論憤怒》（*On Anger*）中非常鼓勵我們在一天結束時回顧一天發生的事，並檢視自己做了什麼：

> 你應該每天檢查自己的靈魂，塞克斯提烏斯（Sextius）就有這種習慣。當一天結束時，塞克斯提烏斯會專心安歇，並詢問自己的內心：「你今天改正了哪些壞習慣？你發現了哪些惡習？你在哪些方面表現得更好？……」還有什麼樣的討論方式會比檢討一天發生之事更值得讚揚的？

斯多葛學派認為回顧過去並詢問自己「我做了正確的決定嗎？」是一種別具價值的練習，但如果這麼做會使我們的負面情緒高漲、導致我們對自己的所作所為心煩意亂，這樣的負面情緒就沒有好處，對於你從錯誤中學習教訓也毫無必要。

31 為什麼人生如此艱難？

學習為挫折預做準備的斯多葛精神

「人生實在好難！」小孤兒安妮唱道。對我們許多人而言，人生真的好難。為什麼人生如此艱難呢？嗯，為什麼人生不可以很艱難呢？對這個星球上大多數有知覺的生物而言，生活確實很困難。看過大自然紀錄片的人都知道，對多數生物來說，活著就是場一決生死的戰鬥，因為各種生物經常必須持續面對飢餓、競爭和獵食者攻擊及無數種威脅的風險，只有最強悍的才有辦法生存下來。英國哲學家湯瑪斯・霍布斯（Thomas Hobbes）有一句名言：活在社會體制外的「自然狀態」的人，其人生是「孤獨、貧窮、惡劣、殘酷且短暫」的。生活在由法律管轄的社會以及有權執行那些法律的國家，我們至少可以相對安全地過生活，不用擔心自己在

自然狀態（State of nature）：對霍布斯來說，自然狀態是一種充滿衝突、暴力、相互不信任的戰爭狀態。

床上被人謀殺。

沒錯，對於大部分的現代人而言，生活已經不像過去那麼辛苦，因為以前生活中的挫折甚至更大。以前我們比現在更容易生病、受苦及被別人的虐待，但科學、道德與政治的進步使我們的生活變得寬裕。儘管如此，即使在今天，大多數人的生活都仍涉及某種程度的不幸，而且事實上有許多人的生活充滿悲劇。

既然人生很難，我們應該如何因應？也許一部分的解決方法在於管理自己的期待。我們經常向孩子隱瞞成人生活的殘酷特質，用搖籃曲和謊言來溺愛他們。我們告訴孩子的故事都有幸福美滿的結局，我們讚美孩子創造的東西都美妙無比——「親愛的，這個作品好漂亮！」「噢，多可愛啊，我們可以把它貼在冰箱上！」——無論他們的塗鴉多麼醜陋難看或歌聲多麼荒腔走板，我們還是鼓勵他們長大之後可以成為任何想成為的人。結果，長大成人可能會對他們造成相當大的衝擊。溺愛孩子的父母如果讚美音癡小孩並告訴他們長大之後可以成為他們夢想中的歌手，當他們面對現實時就會感到非常失落，而且那種失落的沉重打擊會讓他們更加難受。

如果不切實際的期待會使事情變得更糟，難道我們不應該努力管理那種期待嗎？這項建言是斯多葛學派的哲學核心，我們在第二十四章〈為什麼我老是生氣？〉和第三十章〈我做了正確的決定嗎？〉中都提過斯多葛學派，斯多葛學者建議我們管理自己的期待，以免在事情未能按照我們的計畫進行時感到失望。

當小孤兒安妮失魂落魄時，她仍樂觀地唱道：「明天還是會有太陽！」但是斯多葛學者表示，這並不是一種有益的心態。事實上，明天很可能不會有太陽，你應該預期太陽明天不會露臉。如此一來，當太陽沒出現時，你就不會感到那麼失落。樂觀和希望是你的敵人而不是你的朋友，正如斯多葛學者塞內卡所說：「對那些只期待好運出現的人而言，不幸的結果會更加沉重。」

斯多葛學者推薦一種稱為「負面觀想」的方法，這種方法近來被稱為「消極想像」（negative visualisation）。假如你擁有一輛閃閃發亮的新腳踏車，斯多葛學者建議你應該提醒自己腳踏車可能會失竊或損壞，而且閃亮的新事物很快就會失去光彩，諸如此類。這樣一來，如果你的腳踏車發生了不好的事，你就不會那麼沮喪，並且能夠為你的損失做好準備。注意腳踏車的潛在損失還有另一個好處：你更可能

負面觀想（Premeditatio malorum）：意指對邪惡的事、最壞的情況冥思。也就是想像你害怕的最糟情況，以便預做心理準備。

在仍擁有它的時候好好珍惜。

斯多葛學者建議我們將「負面觀想」的方法應用在我們高度重視的一切。我們應該預想會失去愛人、失去健康、失去所有的財產等諸如此類的事，當這些事情無可避免地發生時，我們就能為沉重的打擊做更好的準備。

重要的是，我們也必須牢記：斯多葛學者並非建議我們養成一種永久、深沉的悲觀態度，像小熊維尼的驢子朋友屹耳那樣整天憂鬱。斯多葛學者並非要我們讓自己變得悶悶不樂，以致壞事發生時我們的情緒不會更加失落。「負面觀想」是一種智力練習，目的在於幫助我們培養切合實際的期待，並且為可能發生的壞事做足準備，而非要我們心情變沮喪的情緒練習。練習「負面觀想」的目的是讓自己變得更快樂，而不是更悲傷。

32 我是壞人嗎？

辛格談我們與惡的距離

《時下哲學》（*Philosophy Now*）雜誌有上一篇文章的標題是〈彼得．辛格說你是壞人〉。彼得．辛格是這世界上最重要的道德哲學家之一，因此我認為如果他真的說你是壞人（坦白說，我不確定他會說這種話），那麼這件事就值得我們深思。

很多人對人性有相當負面的看法。我們在第六章〈我會下地獄嗎？〉裡讀到，根據某些宗教信徒的說法，我們每個人都很糟糕。除非我們相信上帝——或許還有相信耶穌的救贖——否則我們都應該下地獄。

這當然不是辛格的觀點，不過他確實認為我們多數人都表現得很差。要了解箇中原因，請想一想他提出的哲學思想實驗：假如你看到一個孩子在池子裡溺水，只有你才能救那個孩子一命，但是你必須跳入水中，而你身上那件非常昂貴的新西裝將會因此毀掉。很顯然地，正確的選擇是救那個孩子，不要在乎會不會弄壞西裝。不過，請再思考一個類似的情況：遠方有許多孩童即將死去，除非我們提供資金為他們購買食物及醫療服務。多數人會認為，雖然拯救遠方的孩子是好事，可是我們沒有道德上的**義務**花大錢救他們。為什麼這些人這麼覺得呢？辛格認為，無論是在你面前溺水的孩子或者遠方挨餓的孩子，你都有相同的道德責任救人，待救孩童與你之間的物理距離在道德上沒有關係。

當然，我們比較容易忽視遠方之人的困境，而非在我們面前溺水的孩子，但容易忽視不代表視而不見就是正確的。

辛格認為，我們應該將大部分的收入捐給具有實際力量的慈善機構。如果你的年收入超過一萬美元，就捐出百分之五；如果你的年收入超過十五萬美元，則捐出百分之十。辛格將他年收入的百分之二十都捐給慈善機構。如果辛格的論點正確，那麼就道德而言，我們多數人確實非常失敗。我們的行為就像為了不弄濕昂貴的新西裝而任憑眼前孩子溺水的人一樣糟糕。

你當然可以推辭說你不知道自己的行為在道德方面有多惡劣，不過如果你認同辛格的論點，就沒有藉口推託了。

但辛格是正確的嗎？這是有爭議的。有人認為在你面前溺水的孩子與在遠處挨餓的孩子之間有一個重要區別是，你面前的孩子**只有你**能救，但遠方的孩子有許多人可以伸出援手，因此在第二種情況中，你採取行動的道德義務減輕許多。

然而，正如辛格指出的，這種反駁無法為你提供充分的藉口。即使水池邊還有其他人可以跳進去救那個溺水的孩子，不代表你未伸出援手就能在道德方面得到原諒。當納粹暴行發生時，許多德國人選擇視而不見，這不表示他們每個人都能獲得寬宥。

無論辛格對慈善捐款的看法是否正確，值得記住的是：在許多狀況下，我們許多人都曾做過道德低劣的事，儘管我們可能沒有意識到這一點。過去曾有一段時間與環境，大多數人都認為蓄奴、種族歧視、貶低女性等是道德上可接受的行為。現在我們會不會也處於類似的情況：其實我們做了非常糟糕的事，但仍認為自己是好人？

會檢討自身行為並擔心自己過去行為不當的人，經常問自己「我是壞人嗎？」這個問題。正如我在第二十五章〈我是誰？〉中解釋的，我們的行為往往比進行內省和過分自省來得更能指引我們的性格。毫無疑問的是，有一些人真的是壞人。雖然我們也許知錯能改，但就整體而言，我們的行為顯示我們的惡多過於我們的善。另一方面，有一些人顯然會過度自我批評，只專注在自己的錯處，忘了自己做過什麼好事。最嚴厲批評我們的人就是我們自己，因此我們通常很難可靠評估自己到底多好或多壞。

我們是否永遠無法擺脫自己的好或壞？我們之中有一些人可能天生就是壞人，如果這不是因為原罪之故，就是因為基因使這些人更容易受到憤怒與暴力的影響。一項芬蘭的研究發現，犯下超過十項暴力罪刑的犯人比非暴力犯罪的犯人更可能具有兩種基因變異。這項研究認為，在芬蘭發生的嚴重暴力犯罪中有百分之五至百分之十可歸咎於這種基因變異。

儘管如此，我們不是基因的奴隸。劍橋大學發展精神病理學教授西蒙・拜倫－科恩（Simon Baron-Cohen）表示，遺傳學只能決定我們至多百分之五十的行為。

事實上，芬蘭研究的那種與暴力行為相關的基因變異十分常見，我們之中有許多人擁有這種基因（某篇論文表示在人口之中占百分之四十），可是擁有這種基因的人大多不會變成暴力罪犯。我們的基因可能會影響我們的行為，然而我們不是基因的傀儡。我們不會因為基因就成為「天生的壞人」。

33 如果我失敗的話怎麼辦？

跟著斯多葛哲學家擬定失敗計畫

前普林斯頓大學教授約翰尼斯．豪斯霍弗爾（Johannes Haushofer）最近發表了他的「失敗履歷」。他說：「這份該死的失敗履歷比我的整體學術成就受到更多關注。」這份履歷列出豪斯霍弗爾在職涯中所有的失敗經歷，包括未能發表的論文、未能申請到的職務，以及所有拒絕資助他的機構。豪斯霍弗爾表示：「我嘗試去做的事，大部分都以失敗告終，但那些失敗往往沒有被人看見，別人只看見你的成功。我發現這有時候會讓別人留下一種印象，以為我做的事情大部分成功了。」事實上，豪斯霍弗爾失敗了很多次。就像大多數的成功人士一樣，成功的人通常都跌倒過非常、非常多次。

正如豪斯霍弗爾提醒我們的，我們很容易忘記失敗是人生中必要且重要的一環。我從自身的經驗得知，我嘗試的事情大部分都沒能成功，但那是享受成功無可避免的代價。事實上，我取得的成功往往建立在失敗之上，因為我從錯誤中學到教訓。

覺得自己失敗是人之常情，即使最成功的人也經常覺得自己是失敗者。英國搖滾樂團披頭四的成員保羅·麥卡尼是世界上最成功的音樂家之一，他在接受訪問時曾說：「我認識許多成就非凡的人，但無論你擁有多大的成就，你還是會覺得每個人都做得比你好，而且他們輕輕鬆鬆就做到了。」如果保羅·麥卡尼覺得自己是失敗者，你覺得自己失敗也無可厚非。

這種覺得自己失敗的感覺可能具有毀滅性。首先，這種感覺會使我們絕望，讓人甚至不敢嘗試。沒錯，如果你不嘗試，就保證不會失敗，但也保證不會成功。此外，屢次失敗的經歷可能會導致我們太早放棄。我們可能會努力，但是當挫折一再上門，我們很快就會覺得氣餒。確實，承認有些事情我們真的永遠做不到很重要，例如一個身高七英呎的人無論多麼努力都不可能在騎馬比賽中獲勝，可是有許多人才試著跨越幾道跳欄就決定放棄。堅持下去是必要的，儘管一路上會經歷無數次失敗，只有頑強堅持的人才能成功。

我在這本書的其他段落也討論過斯多葛哲學，斯多葛學者鼓勵我們管理自己的期待。他們指出人生無可避免地會有許多災難，如果是出乎我們意料的災難，就會對我們造成破壞性更大的影響，所以我們應該要預期壞事發生。斯多葛學者對失敗也有相同的看法：我們應該預期失敗的發生，如此一來，當我們無可避免地遭遇失敗時，就能以更好的心態面對。

然而，**預期**失敗——實際上應該稱為「擬定失敗的計畫」——與**專注於**失敗不同。我曾經在具有潛在危險的障礙物（例如巨大的岩石和樹林）之間的狹窄小徑上學騎越野單車，老師給我的建議是：永遠不要把注意力集中在障礙物上。如果你一直盯著前面的那棵樹，就更可能直接撞上它。你應該專注在小徑上。沒錯，你必須留意障礙物，並且知道出狀況時自己該怎麼做，但是不要死盯著障礙物。

我不確定這裡要談的普遍寓意——不應該將注意力集中在我們實際的失敗與潛在的失敗上——是否有任何價值。研究顯示，失敗會衍生失敗，而且有一項研究證實，第一次嘗試就成功的猴子，在隨後的嘗試中會表現得更好，而第一次不幸失敗的猴子，接下來的成功只能碰運氣。

斯多葛學者認為我們應該思忖未來會發生在我們身上的壞事（羅馬的斯多葛學者稱之為「負面觀想」，請見第三十一章〈為什麼人生如此艱難？〉），以便管理我們的期待，但是這在某種重要層面上難道不會適得其反嗎？運動心理學有一種關鍵技巧：要想像積極正面的結果，例如預想自己進球得分，完成艱難的登山壯舉，或是將標槍投擲得很遠，因為想像自己成功會使你更可能成功。相反地，想像自己失敗會讓你更有可能失敗，聽起來似乎也有道理。因此，雖然斯多葛學派認為預想我們無法控制的壞事發生是個好主意，但預想自己失敗可能就不是那麼有幫助。

也許面對失敗的正確方法不是期待失敗或想像失敗，而是為失敗做好計畫。如此一來，當失敗發生時，我們就更可能冷靜且有建設性地面對失敗。

34 我是心理變態嗎？

康德與休謨談心理病態的道德責任

心理病態者（Psychopath）使人著迷。心理病態者是許多電影和書籍的主題，其特徵包括缺乏同情共感的情緒反應，以致他們在一般人會感傷落淚的情況下（例如失去至親）可能毫無反應。一位名為「雅典娜．沃克」的女性自稱被診斷為心理病態者，她在某個線上論壇中表示：

> 我顯然與旁人完全不同，這一點我從小就發現了。我意識到自己的行為表現與其他人不一樣，我很明顯無法像他們一樣感受某些事情。

然而，心理病態者知道人們期待剛失去至親之人會落淚及表現哀傷，所以他們通常也會學著表現出悲傷的模樣。心理病態者經常戴著面具，因此美國心理學家赫維・克萊克利（Hervey Cleckley）關於心理病態者的經典著作，書名就叫作《精神正常的面具》（*Mask of Sanity*）。

心理病態者的其他特徵還包括無所畏懼、容易衝動、缺乏內疚與悔恨。心理病態者擅於透過欺騙和謊言來得到他們想要的東西，並經常展露出殘酷成性的傾向，研究報告也顯示他們會有傷害別人或動物的衝動。十九世紀晚期，美國麻薩諸塞州的一名護士珍・托潘以致命藥物殺害三十一個人。專門研究與心理病態者相關之生理問題的英國心理學家阿德里安・雷恩（Adrian Raine）在他的著作《暴力犯罪的大腦檔案：從神經犯罪學探究惡行的生物根源，慎思以治療取代懲罰的未來防治計畫》中提到，心理病態者珍・托潘宣稱自己最大的樂趣是慢慢殺死她的病人。托潘表示，看著病人死去能帶給她「性欲上的喜悅」。

心理病態者可能會造成其他人極大的問題，但並非所有的心理病態者都有暴力傾向且充滿危險。有些心理病態者雖然缺乏自省之類的能力，但仍會設法過著與一般人相同的生活。事實上，幾乎每個人都可能遇過心理病態者。據說心理病態者約占總人口的百分之一，因此當你走過繁忙的大街時，肯定會與一、兩個心理病態者擦身而過，儘管你可能無法分辨出他們。心理病態者與眾不同的內心世界可能令人感到不安，但他們在外表上與一般人沒有太大的差異。

據說心理病態者多半從事某些特定的專業工作。設計出心理病態檢測法（如下所述）的加拿大心理學家羅伯特．D．海爾（Robert D. Hare）表示，雖然只有大約百分之一的人口符合心理病態者的臨床標準，但商業領域的高階主管大約有百分之三至百分之四是合乎臨床標準的心理病態者。事實上，海爾還表示聲名狼藉的媒體大亨羅伯特．麥克斯韋可能就是一名心理病態者。

心理病態並未被視為心理疾病，相反地，它被歸類為性格障礙。心理病態者在法律上不算精神錯亂，因為他們能分辨對錯，而且完全知道自己在做什麼。因此，被診斷為心理病態不代表你不必為自己的所作所為承擔法律責任（雖然你不會進監獄，但可能會被送進醫院）。

人們為什麼會變成心理病態？目前還沒有明確的答案，但先天因素與後天因素都可能造成影響。眾所周知，心理病態與某些大腦異常的問題有關，例如杏仁核較小。這一點可解釋為什麼心理病態者比較缺乏同理心，因為杏仁核是大腦中一個像杏仁狀的部位，在處理情緒方面扮演著重要的角色。

我們要如何判斷自己是不是遇到了心理病態者呢？心理學家海爾設計了一套標準診斷檢測法，名為「海爾心理病態檢測表」（Hare Psychopathy Checklist，簡稱PCL-Revised）。這項檢測法檢視的項目包括二十種特質，例如：

- 油嘴滑舌且沉迷於外表
- 過度地（高度誇張地）自我誇耀
- 需要刺激
- 病態式的說謊
- 狡猾且善於操弄
- 缺乏悔恨或內疚
- 淺層感動（情緒反應淺薄）
- 冷酷無情且缺乏同理心

當受試者的這二十種特質表現超過一定程度時，就達到符合心理病態者的門檻。

當然，我們看到這個清單時，會忍不住開始檢查我們認識的人。「呃，約翰叔叔確實經常說謊，不是嗎？而且他可能很冷酷無情……我的天啊！他是心理病態！」不過海爾已經清楚表示，只有在受科學控制的條件下，由具備特定資格之人進行這項檢測，檢測結果才算有效。

你是心理病態者嗎？這個嘛，這是可能的。在其他條件都相同的情況下，你有百分之一的機會。但如果這個問題會困擾你，那麼你就不太可能是心理病態者，因為心理病態者通常不會苦惱這種事，而且也不會尋求治療。被診斷為心理病態者的人當中，大多數人不會尋求醫療或心理專業人士的幫助，尋求幫助的人往往是受到心理病態者影響的朋友或家人。

心理病態者引起許多有趣的哲學問題。我們剛才已經讀到，心理病態者必須為自己的所作所為負起刑事責任，也必須為自己所做的壞事負起道德責任。據說他們完全明白自己所做的事是錯的。

但這是真的嗎？這有一部分取決於我們對道德採取什麼樣的哲學觀點。德國哲學家康德認對與錯**完全由理性決定**。根據康德的說法，我們對事情的感受，比方說對殺人的感受——我們對殺人的情緒反應——與道德判斷沒有關係。因此，如果心理病態者與我們一樣理性（他們只是缺少某些情緒反應），康德的觀點似乎就會產生一個結果：只要心理病態者的判斷能力良好，他們缺乏感受能力的事實並不會妨礙他們分辨是非對錯。

然而，其他像是大衛．休謨的哲學家則堅持認為道德並非植根於理性，而是植根於我們的情感反應。你無法從殺人本身發現殺人是錯的，相反地，你必須透過審視自己的內心並找出我們對殺人的感受，才有辦法發現殺人是錯的。如果心理病態者缺乏與道德判斷有關的情緒反應——同情、同理、自責、後悔等——也許他們在道德理解上也會有嚴重的缺陷。

當然，心理病態者可以學會說出還債是「正確的」、殺人是「錯誤的」，就像紅綠色盲之人可以學會說出罌粟花是「紅色的」、草坪是「綠色的」。儘管如此，正如缺乏紅色與綠色體驗之人可能無法徹底掌握「紅色」和「綠色」的涵義，有些人會認為缺乏適當情感體驗之人可能無法完全理解「正確」和「錯誤」的涵義。

就算休謨認為道德完全植根於我們主觀感受的論點並不正確，至少道德與我們的感受有關似乎是可信的。假設有兩個人到醫院探病，一個人去探望生病的同事是完全基於客觀的評估，也就是依據理性而做，完全缺乏憐憫、同理、同情等感受。在情感上，這個人一點也不關心生病的同事。另一個人去探望同事則是出於對同事的感受。這兩個探病訪客之中誰的行為比較符合道德呢？康德會說第二個來探病的同事根本沒有道德行為。如果你傾向於認為第二個人的行為符合道德——甚至可能比第一個人更有道德——這表示你認為道德的判斷和行動與我們的情感至少有一些關聯。

35 我是好人嗎？

哲學家格洛弗談逆境中的善行

在討論你是不是好人的問題之前，我們先來說明一件顯而易見的事。人類不可能有完全的好人和徹底的壞人。我們小時候玩遊戲時會分成「好人」和「壞人」，這麼區分可能很有趣，但實際上我們不會那麼容易分辨好壞，因為大多數人既不是英雄、也不是惡棍。

當然，除了耶穌，沒有人是完全善良的，但也沒有人是徹頭徹尾邪惡的。善良和邪惡位於天平的兩端，而我們凡人則落在兩端之間的位置。

什麼是「好人」？假設真的有辦法當個好人，也只可能大致上是個好人。比方說，你在好與壞的量表上至少要三分之二是好的，這樣一來，就算我們遠不及完美，有一些人仍有資格成為好人。你是其中之一嗎？

你提出「我是好人嗎？」這個問題，這件事其實是一種正面積極的訊息，表示你很在意道德及做正確之事，你想要成為好人。就道德而言，不太在乎自己是好是壞的人，比較可能偏向壞的那一端。因此，如果我們能排除你是那種人，就提高了你是好人的可能性。

不過，許多非常關心做正確之事的人還是無法成為好人。在人們確信自己做正確之事卻顯然做錯的例子中，最具戲劇性的就是各種受誤導的宗教狂和政治狂、邪教徒與改革鬥士。有一些真誠的信徒會折磨、殘害甚至屠殺別人，卻仍認為自己是「好人」，因為他們誤以為那些駭人聽聞的行為是依循道德的要求。這種人都是出於善意，他們想要做好事，他們的目標也是做好事，而且他們確實認為自己做了好事，但他們不是好人。

事實上，即使你的意圖是做確實很棒的事，無論你的意圖多麼真誠，也都不足以讓你成為好人。假設我真心誠意地答應將你借給我的車子還給你，並表示：「我發誓，今天晚上我真的會把車子還給你！」我說這句話的時候發自肺腑，但如果我因為偷懶或因為很喜歡你的車而沒有還車，就證明了我不是好人。好人是**品格良好**的人，品格良好的人即使在充滿挑戰的情況下也能表現良好，就算他們厭倦了、疲憊了，或者受到誘惑，我們也能信任他們會做出正確之事。

請注意，如果只是碰巧做了一些好事，並不算擁有良好的品格。一個貪婪且自私自利的大亨，為了賺更多錢而投資了一個實際上有益於世人的計畫，並因此讓世界變得更加美好。儘管這個大亨做了好事，他仍不算好人，因為美好的結果只不過是一次皆大歡喜的意外，而非他有意這麼做。因此，意圖做好事是成為好人的必要條件，雖然良善的意圖不足以保證你是好人。

所以，你是好人嗎？假設你的目標是做好事，而你也忠實地完成目標，這樣就足以讓你成為好人嗎？

也許還不夠。二十世紀有一些充滿戲劇性的例子，顯示一些過著正派生活的普通人（這些人被認為誠實、沒有債務、不偷不搶，也對陌生人很和善）如何允許（在某些案例中是助長）道德恐怖行動。從柬埔寨的殺戮戰場、毛澤東的中國、史達林的蘇俄，到納粹德國，我們發現那些根據以往紀錄被評斷為「好人」的人，突然都以令人震驚的方式行事。

有趣的是，至於一些遇上可怕的恐怖行為卻仍表現良好的人，現在已經有人開始研究他們的背景。比方說，有人研究了那些在第二次世界大戰大屠殺期間營救猶太人的人，試圖了解是什麼原因使他們在最惡劣的環境下也能做出正確之事。英國哲學家喬納森．格洛弗（Jonathan Glover）寫道：

> 如果你看看那些在納粹統治下仍庇護猶太人的人，你會發現他們身上有許多特質，其中之一是他們多半與普通人的成長過程不同。他們多半接受了非專制威權的教育，因而培養出對他人深具同情心的性格。他們傾向於與別人進行討論，而非只依照別人吩咐他們的指示行事。

心理學家珀爾與薩繆爾．奧利納（Pearl and Samuel Oliner）也針對救援者和非救援者的背景進行研究，並且在他們的著作《利他主義人格》（*The Altruistic Personality*）中指出：「救援者的父母很少體罰孩子，而且經常透過講道理的方式與孩子溝通。」

因此，如果我們想培育好人——能夠抵擋道德災難的好公民——證據顯示，我們應該培養願意獨立思考且能為自身道德判斷負責的公民，使他們不把判斷的標準交給外部的權威（例如在地的牧師、伊斯蘭教宗或共產黨官員）。我建議應該避免養出**道德之羊**（moral sheep），所謂的「道德之羊」就是能可靠地做出正確之事的人，但他們只是因為某些慈愛的權威者叫他們這麼做。由這種人組成的社會可能會循規蹈矩，街上不會有垃圾，而且很少犯罪事件發生。儘管如此，倘若那個權威者決定將公民引入歧途，那些道德之羊也幾乎不會有抵抗能力，他們會繼續服從命令並且遵守規則。

由認為行善就是遵循宗教、政治或（碰巧本性良善的）權威命令之人所構成的社會，就算是「好人」組成的社會嗎？這一點我讓你自己思考。可是就我看來，無論我們是否可以稱這種社會為「好人」社會，這種社會都可能有潛藏的道德災難。

36 我還是二十年前那個相同的我嗎？

赫拉克利圖斯談人不能踏進同一條河兩次

許多哲學家有一種討人厭的習慣，就是在回答問題時會說：「呃，這取決於你對這個事物的定義……」不過，這種回應方式在這裡可能是正確的。你還是二十年前那個相同的你嗎？嗯，這取決於你所謂的「相同」是什麼意思。

將我們想表達的意思解釋清楚，在哲學上往往就是成功的一半。很多哲學上的困擾都是因為我們在用字遣詞上含混不清造成的。以下是一個例子。

古希臘一位名叫「赫拉克利圖斯」（Heraclitus）的哲學家曾這麼問：「我可以跳進相同的河裡兩次嗎？」我們不知道赫拉克利圖斯到底是什麼意思，但他可能認為你無法跳進同一條河裡兩次，原因如下：

假如你在下午一點鐘跳進河裡，然後爬上岸，在下午一點五分第二次跳進河裡。在這五分鐘裡，河流會以各種方式發生變化：水會繼續流動，泥土也會滑動，河岸邊的蘆葦會長高一點點，因此這條河不會和原本一模一樣。但如果它已經不再是你原本跳進去的那條河，那麼你就是跳進了兩條河裡，而不是跳進同一條河裡。第一條河已經消失，被第二條河取代了！

這似乎是一個荒謬的結論，因為幾乎每一個人都認為我們當然可以跳進同一條河兩次。既然如此，我們應該接受這個看似荒謬的結論嗎？還是這個論證出了什麼問題？

事實上，是這個論證有問題。我們在無意中給了「相同」一詞兩種不同的涵義。當然，你在下午一點五分跳進河裡時，那條河與之前並非完全相同，因為它的質量或屬性發生了變化：泥土改變了位置，河水也流動了。但我們後來得出結論說這條河已經變成另一條河——所以是兩條河。但這是不一樣的「相同」，這裡指的是**數量**的相同，而不是**質量**的相同。

這是一種很重要但也容易被人忽略的意義差別。我可以擁有兩個在質量上相同但數量上不同的物件——例如兩枝完全相同的筆。

或者，我只有一枝筆，這枝筆上個星期還裝滿墨水，但今天沒墨水了——這枝筆的質量發生了變化。你可以擁有在數量上單一且同一的物件，即使它在質量上與先前有所不同。假設我撞凹了我的車，這輛被撞凹的車依然是我的車。假設我在蘋果上咬了一口，這顆蘋果不會因此被新的蘋果取代而不復存在。

由於我們一直使用「相同」這個詞彙，而忽略了這種意義上的轉變，才會得出一個荒謬的結論。如果一條河流在質量上發生變化，不表示它在數量上也跟著產生變化。

一旦我們清楚理解質量與數量的相同性，就能夠好好回答這類的問題，例如「這是我原本使用的那枝筆嗎？」「這是我原本看到的那隻狗嗎？」也更能好好回答這個問題：「我和二十年老照片中的我還是相同的人嗎？」

沒錯，二十年來你改變了許多，你的外貌當然有了變化，你的心態也有了改變，你儲存的記憶更是非常不同。所以，二十年後的你顯然在質量上變得不同了，但不代表你與照片中的那個人在數量上不相同。

那麼，是什麼因素使你和之前的你依然相同呢？當我們現在看著你和那張老照片中的你時，為什麼我們看到的不是兩個不同的人，而是同一個人？這是一個很有名的哲學謎題。這個問題並沒有一致的答案，不過以下是兩種最主要的哲學理論。

我將第一種理論稱為**動物理論**，因為這種理論認為，你在本質上是一種動物，所以必然永遠跟著你的肉身。動物理論巧妙解釋了為什麼我們在二十年前的老照片中看到的人仍是你：那個人和我們現在看到的人是同一個人，你只不過是年紀變大，也許還長高了，或者變胖或變瘦了，有一些諸如此類的變化。儘管如此，動物理論也有其解釋上的困難點。如果你看過由琳賽．蘿涵飾演女兒、潔美．李．寇蒂斯飾演母親的電影《辣媽辣妹》，你應該知道劇情是她們母女倆因為一個幸運餅乾而神奇地交換了身體。女兒所有的性格特質、記憶及其他心理特徵全部都轉移到母親的身體裡，母親則轉移到女兒的身體裡。變！這部電影的內容，是她們在不同的身體裡醒來！然而，根據動物理論，她們不可能交換身體。只要翌日早晨從女兒床上醒來的還是女兒的身體，那麼她就是女兒。沒錯，雖然女兒的身體在心理層面已經變得和她的母親一模一樣，但從女兒床上醒來的不是母親的身體，所以她仍舊是

動物理論（The animal theory）：或稱作「動物主義」（animalism），主張「人類是動物」的人格同一性（personal identity）理論。

女兒。不過，我們可能不會覺得這種理論正確，畢竟女兒和母親確實交換了身體，因此當我們思考「交換身體」這一類的情況時，動物理論似乎就會違反我們的直覺。

另一種主流的理論——我將之稱為**心理屬性理論**——這套理論認為，你會永遠跟著你的記憶和各種心理屬性。因此，如果這些心理屬性轉移到其他的身體裡，你也會跟著轉移。當我們思考你是否就是二十年前那張照片裡的人時，心理屬性理論似乎可以給出正確的判斷。那個人是你，因為你保有那個人的記憶和其他心理特質（當然，你在這二十年間可能失去了一些記憶並獲得一些新的記憶，但仍有無數重疊的記憶將你與之前那個人加以連結）。與動物理論不同，心理屬性理論直觀地給出了關於《辣媽辣妹》的正確判斷：當母親和女兒交換身體時，相關的心理屬性也交換了，人會跟著心理屬性走。

然而，心理屬性理論也有自己的問題。根據這種理論，原則上沒道理不可能存在兩個你。假設有人創造出一種高科技複製機，只要把一個茶壺放進去，按下按鈕，就會跑出來兩個一模一樣的茶壺：原本的茶壺以及其完美複製品。

心理屬性理論（Psychological property theory）：相對於動物理論以人的肉身為判準，心理屬性理論則透過人的心靈判斷你是否是二十年前的你。

假設我們把你放在這個複製機裡，結果就會有兩個你走出來，至少根據心理屬性理論可以如此，只不過不可能會有兩個你。沒錯，從複製機走出來的兩個人都和你一模一樣——甚至在心理層面也一模一樣。他們在質量上彼此相同，而且都與走進複製機裡的那個你完全一樣，但他們數量上不可能與走進複製機裡的人相同。他們在數量上應該要和原本的你相同，可是事實並非如此（因為現在有兩個人站在那裡，而不是一個人）。所以，如果心理屬性理論認為後來的這兩個人都是你，這種理論一定是錯的。

事實上，在這種「複製」的情況中，動物理論似乎給出了正確的判斷。在走出複製機的那兩個人當中，只有一個人是你，也就是之前走入複製機裡的「那個動物」。另外一個人只不過是你的複製品，並不是你。

那麼，到底什麼原因讓我們認定二十年前那張照片中的你就是你呢？在哲學上對此還沒有共識。

37 我為什麼總是把別人推開？

存在主義大師沙特談我們與他人的關係

我們為什麼會推開別人？原因可能五花八門。法國存在主義哲學家沙特提出了一個比較抽象的理由，這個理由經常被人引用：「他人即地獄。」這句名言其實是沙特的劇作《密室》（*No Exit*）裡某個角色的台詞，那齣戲描述三個人發現自己身處地獄，只不過地獄與他們預期的模樣不同：地獄裡沒有酷刑室，也沒有火湖，只有他們三人在一個客廳裡。他們慢慢發現彼此將永遠相伴，以致他們開始自我折磨。到了最後，其中一人終於看清了真相：地獄不需要有被烈火燒得炙熱的火鉗，因為他人即地獄。

為什麼被困在有別人相伴的環境中會是一種地獄呢？沙特後來在《密室》的製

作說明中解釋，他無意表示每個人都很惡劣，或者我們與別人的關係總是有害的。相反地，沙特說：

……如果我們與他人的關係扭曲了、變質了，那麼對方就會變成我們的地獄。為什麼？因為……當我們試著思忖自己的時候、當我們試著了解自己的時候……我們會運用別人對我們抱持的看法、我們會運用別人擁有並給予我們的意見，來加以評斷自己。

沙特所強調的似乎在於我們對自己的判斷：我們只能透過別人提供的鏡子來認識自己。當那面鏡子被扭曲時，我們只能看見歪曲且變形的自己，被迫永無止境地看著那種變得令我們難以忍受的影像。

因此，我們把別人推開的原因之一，可能是因為他們反映出一種讓我們覺得扭曲且令人不安的影像，畢竟誰會願意照那種鏡子？

我們顯然很害怕別人的負面評價，當然也很擔心自己在情感方面受傷害的其他潛在負面後果。事實上，這就是為什麼有人傾向於推拒他人的標準解釋。心理治療師或許能夠清楚地解釋有些人難以展開親密關係，因為他們小時候曾有過被拒絕的痛苦經驗——例如被父母拒絕。如果情感方面讓別人進入你的生活充滿了災難甚至不斷令你失望，你自然難以相信別人。然而，大多數人仍想要擁有這種親密的關係，以致發現自己左右為難。當別人來輕敲我們的心房時，我們將門開啟，但隨後又驚慌失措地迅速關上門。如果這就是你所處的情況，你必須釐清並解決使你關上心門的原因，也許治療師能為你提供幫助。

坦白說，我們想要獨處的另一個原因，可能是社交應酬對許多人而言是一件苦差事，畢竟要花一、兩個小時找話題聊天令人筋疲力竭。追根究柢，我們可能只是想要留一點時間給自己，就算只是與我們親密的人相處也一樣。雖然有人陪伴可能很好，但也可能很無聊、惱人且煩躁。

有些人認為，假如我們想獲得一點洞察力——尤其是對自己的洞察力，擁有一些獨處的時間可能會有幫助。人們普遍認為遁世隱居一段時間能為我們提供精神上和智力上的跳板。耶穌獨自在荒漠中生活了四十個晝夜，奧地利哲學家維根斯坦獨自在斯科約爾登的一間僻靜小屋生活了一段時間。斯科約爾登是挪威峽灣盡頭的一個美麗山區，維根斯坦後來談到他在挪威的時光時曾表示：「對我而言，我內心深處似乎萌生出新的思想運動。」德國哲學家尼采在他的小說《查拉圖斯特拉如是說》中讓虛構的隱士查拉圖斯特拉像摩西（Moses）一樣，下山向世界揭示昇華人生的哲學。

因此，至少對我們一些人而言，平息噪音及擺脫干擾（包括與別人相處）似乎確實有其價值。保留一點屬於自己的時間可能無法讓你發展出激進的新哲學，但是把別人推開一段時間將有助於帶來有用的內在改變。

38 我應該如何繼續前進？

斯多葛哲學家愛比克泰德勇往直前的哲學處方

有時候因為喪親、分手或其他不幸的事件，我們會深陷悲慘的處境。那些創傷可能會對我們產生強烈的影響，以致我們發現自己走不出來，無法繼續過生活。當悲傷像災難般來襲時，我們應該如何擺脫困境？

我在前面提過斯多葛哲學家，希望你們不介意我再次提到他們，因為他們是無與倫比的哲學家，可以為生活中的各種疑難雜症提供解決方法與建議。正如我們在第二十四章〈為什麼我老是生氣？〉、第三十一章〈為什麼人生如此艱難？〉和第三十三章〈如果我失敗的話怎麼辦？〉讀到的，斯多葛學者提醒我們，生活中最重視的人事物都只能暫時存在，當我們失去所愛時，應該要有一種能幫助我們在災難發生時做好情緒準備的觀點。斯多葛學派的愛比克泰德如此建議：

當你因某事而感到喜悅時，請將相反的景象擺在自己面前。當你親吻你的孩子時，請對自己輕聲地說：「明天你要死了。」請對你的朋友說：「明天你就離開了，或者我就要走了，我們再也見不到彼此了。」說這些話並不會造成任何傷害，因此我們應該毫不猶豫地說出口，以保護自己免於遭受這類事情的傷害。

但如果災難已經來臨了呢？我們能夠做些什麼來幫助自己呢？

斯多葛學者提醒我們：如果損失無法挽回——如果我們心愛的人已經離世，或者已經拋棄我們、不再回頭——那麼在情感上繼續糾纏導致自己不快樂是沒有意義的。我們沒有辦法改變過去，所以斯多葛學者建議我們根除對未來受苦的恐懼及對過去痛苦的回憶，因為這兩者都會對我們造成沒有意義的痛楚。

那麼，當別人被悲傷吞噬時，我們是否應該對他們說：振作一點，不要繼續糾結下去？很顯然，這種建議不僅麻木不仁，而且可能適得其反。斯多葛學者沒有愚蠢到認為我們能夠隨時關閉自己的情緒。在悲劇發生後馬上被要求保持理性並且「控制自己的情緒」，可能只會讓我們更難過。正如塞內卡向他悲傷的母親解釋道：

我知道不可以在您第一次悲傷時就加以阻止，以免試圖安慰反而使您更加悲傷，宛如提油救火。就像人在生病的時候，太早投藥反而有害。因此我讓您的悲傷自己耗盡且隨著時間減弱，等到它能承受補救並允許別人處置及觸碰。

因此，不要當個漠不關心的傻瓜。等到對方可以比較清楚思考自己失去什麼的時候，再來提醒他們回顧過往的自我折磨無濟於事，這才會對他們有所幫助。

但這不代表回顧過去的經歷學不到東西。正如之前讀到的，我們可以從錯誤中記取教訓。如果我們做了蠢事導致愛人離開我們，那麼以理智的方式反思我們的過錯可能會是有用的練習。斯多葛學者認為我們應該避免的，是在情感上一遍又一遍重播如今已經無法挽回的事。

當然，認同斯多葛學者的智慧並表示「對，我不應該那麼做」是一回事，能夠將斯多葛學派的智慧內化並實際採取行動又是另一回事。愛比克泰德寫道：

……練習你學到的事物，因為現代缺少的不是論證，真的不是，因為斯多葛學派的書籍裡早已充滿論證。那麼，現代到底需要什麼？我們需要能夠將論證的觀點加以應用並且透過行動為論證作見證的人。

我們應該如何以這種更為基礎的方式改變自己，不只是隨便聽聽斯多葛學派的思想，而是依照其思想採取行動呢？我們必須養成更好的習慣。正如當代斯多葛哲學家皮戈里奇在他的《別因渴望你沒有的，糟蹋了你已經擁有的》書中所說：「僅僅認識某事物的真相還不夠，你必須再三練習，直到你培養出習慣。」因此，請養成習慣檢視自己的思維模式，也許一天一次。問問自己以下的問題：「這種情緒是在幫助我，還是在阻礙我？」以及「我是不是毫無意義地在擔心我無能為力的事？」並且經常沉著冷靜地提醒自己世事無常，災難隨時會發生，沒有任何事物能永恆不變。

39 我應該暢所欲言嗎？

自由主義哲學家彌爾談自由的限度

幾乎每一個人都重視言論自由：所謂的言論自由，就是可以不受審查或限制地表達意見的權利。言論自由被認為民主的基石之一。不過，幾乎每一個人也同意我們可以發表的言論應該至少要有一些限制。如果你到處誹謗和中傷別人，很可能會惹上官司；如果你的商品廣告不實，也可能會被告；如果你煽動別人對少數族群使用暴力或在法庭上做偽證，又或者洩露國家機密導致社會陷入危險，也很可能會被關進監獄。關於人們可以說些什麼話，其實有許多合理的限制，即使在驕傲地宣稱「自由」的國家亦是如此。

那麼，我們應該在哪裡畫出能說什麼和不能說什麼的界限呢？特別是哪些言論應該禁止呢？為什麼？

在這個問題上被引用最多次的哲學家之一是約翰．史都華．彌爾。彌爾在一八五九年出版的《論自由》書中為言論自由提供有力的辯護，並且為思想及言論自由提出四項論點，其中之一如下。

彌爾表示，如果你的觀點沒有接受過別人的批判性審查，你就不該對自己的觀點感到自信。歷史提供了無數權威人士的例子：他們認為自己是對的，不讓實際上正確的異議分子發言。例如天主教教會曾試圖阻止伽利略宣稱地球會轉動，然而伽利略是對的。彌爾認為，如果我們想要合理地對自己的信念具有信心，就應該讓它們在思想市場上競爭，而不是扼殺不同意見。

儘管如此，彌爾也認為在某些情況下，言論可以而且應該受到限制。為了決定哪些情況可以限制言論，彌爾提出了他的「傷害原則」。「傷害原則」指出，法律可以對文明社會的成員行使限制其言論的權力，但這麼做的唯一目的只能是防止其言論對別人造成傷害。根據彌爾的說法，國家應該讓我們自由地去做自己想做的事——包括發表我們喜歡的言論——**除非我們會對別人帶來傷害**。只有在這種情況

傷害原則（Harm Principle）：彌爾在《論自由》書中提到：「對於文明社會中的任何成員，在違反其意願的情況下，可以合法行使權力的唯一目的，就是防止他人受到傷害。」

下，國家才可以合法地介入並限制我們。

彌爾提供以下的例子：宣稱玉米經銷商害窮人挨餓的印刷品是可接受的，但是在玉米經銷商門外對著一個憤怒的暴徒大喊這種言論就不被容許，因為那麼做可能會引發暴力事件。在那種情況下，大喊玉米經銷商害窮人挨餓就是對於言論自由的危險濫用。

「傷害原則」聽起來很有道理。國家允許我開車，但是我不能以危及別人的方式開車。同樣地，國家也允許我說出自己喜歡的言論，除非我說的話可能傷人。

然而，魔鬼就在細節裡：到底什麼情況才算是「傷害」？只有身體傷害才算嗎？——例如在擁擠的電影院裡大喊「失火了」造成的身體傷害？那麼經濟方面的損害算數嗎？如果有人謊稱你製造的產品具有危險而害你失去生意呢？精神方面的傷害算嗎？例如持續的言語中傷和辱罵造成的傷害呢？這些傷害難道不應該包括在內嗎？

很顯然地，並非所有的傷害都應該被預防。假設有人嘲笑我是傻瓜，導致我有一點沮喪。如果我因此遭受了一些輕微的精神傷害，那個人應該為此遭到逮捕嗎？

當然不應該。雖然彌爾沒有完全說清楚什麼才算是有關的傷害，但是他沒有把僅僅稍微受傷的感覺及精神方面的不舒服列入考量。根據彌爾的說法，假設我的言論冒犯了人，國家也不能因此要我閉嘴。

有些人不同意這種說法，他們認為，冒犯別人可以是限制言論的正當理由。我們不允許人們在公共場所赤身裸體四處遊蕩，儘管這麼做不會造成別人實質上的傷害（最糟糕的結果通常是有些旁觀者會感到有點不舒服以及被冒犯）。但假設我們可以正當限制某些行為——例如在超級市場裸體購物——不為別的理由，只因為許多人認為這麼做是不雅且令人作嘔的，為什麼我們不能以同樣的原因合理限制冒犯別人的言論呢？

關於言論自由的辯論，在很大程度上取決於國家有正當理由防止哪些傷害與犯罪。舉例來說，法律可否限制褻瀆宗教信仰和偏執的言論呢？許多國家認為褻瀆的言論是非法的，理由是認為藐視宗教的言論會冒犯許多人。

但為什麼宗教信仰可以得到其他信仰所沒有的特殊保障呢？比方說，人們可以譏諷和嘲笑政治信仰。如果嘲諷政治信仰是可接受的，為什麼譏刺宗教信仰就應該被禁止呢？

假設有人回答：因為在健康的民主國家，政治信仰應該要接受嚴厲的批評甚至諷刺，但是這無法成為禁止批評宗教信仰的正當理由，因為宗教信仰往往具有高度的政治性。比方說，我們可以思考一下關於慈善捐贈、婦女地位、同性戀權利、死亡權利和非信徒權利的宗教信仰。

至於宗教信仰的超自然觀點呢？能不能合理要求國家保護其免受譏諷和嘲笑呢？不能。許多超自然的信仰，例如對鬼魂存在或通靈能力的信仰，並沒有——顯然也不應該——受到不被嘲笑的保障。宗教信仰涉及一種熱情的承諾，信徒願意為他們的信仰而死，這樣的事實亦不能成為其有資格獲得特殊保障的理由，畢竟許多非宗教人士也願意為其政治信仰而死（而且已經這麼做了），但他們這樣的信仰並沒有受到特別的保護。既然如此，為什麼宗教信仰就應該享有特權呢？

事實上，如果仔細觀察，我們應當給予宗教信仰特殊的「尊重」難道不就是一種歷史傳承的落伍觀念嗎？——我們已經習慣給予宗教這樣的尊重，但是卻沒有正當的好理由。臣服於那些因為其宗教信仰被人批評或嘲諷就覺得受到冒犯的人，難道不等於鼓勵他們對更多言論感到冒犯並且要求更多「尊重」嗎？這樣的結果不就會導致言論自由遭受嚴重的侵蝕嗎？因此許多人認為，法律禁止褻瀆宗教的言論，是對言論自由的不合理限制。

另一種經常受到限制的言論，是助長仇恨的言論，尤其是針對弱勢的少數族群的仇恨。法律保護人們不會因為其種族、性傾向、特殊信仰或身體殘疾而在街上遭人辱罵，這麼做是正確的。但如果同性戀者在路上聽見宗教人士譴責同性戀運動支持者呢？國家可以允許那樣的言論嗎？或者，如果南非的荷蘭歸正教會成員在街上大聲宣稱跨種族交往之人在道德上都是令人憎惡的，這是可被允許的言論自由，還是無法被接受的偏執言論呢？

這種問題經常被闡述為權利的衝突：宗教人士表達其宗教信仰的權利與少數族群不受偏執仇恨言論影響的權利彼此衝突。然而，如果宗教人士沒有因為虔誠信仰宗教的美德而享有額外的特權，為什麼他們可以不被其他人遵守的反歧視法規約束呢？

當然，我們有時候確實會合理包容個人信仰可能與法律規定或工作內容發生衝

平臺驅逐（No platforming）：意指藉由移除其用於發布訊息的平臺（如演講臺或網站）來抵制某個人或團體的行為。

突的人。比方說，我們不會強迫在道德上反對墮胎的醫生進行墮胎（無論他們是否因為宗教理由而反對）。然而，宗教人士對於少數族群的偏見言論可以免受法律限制，是不是合理呢？法律是否應該禁止旅館經營者張貼「禁止愛爾蘭人進入」、「禁止黑人進入」、「禁止天主教徒進入」、「禁止猶太人進入」和「禁止同性戀進入」之類的標語？但如果他們這一類的偏見正好是因為其宗教信仰，在這種情況下，難道國家就應該表示「放手去做」嗎？這樣的行為當然是完全不能被接受的。

我們一直很關注言論自由的法律限制，但法律並非唯一的限制。在許多西方國家，人們愈來愈關注校園裡的言論自由以及對演講者進行「平臺驅逐」的情況。在英國，一個經常批判伊斯蘭教的演講者被取消在大學的學生活動中演講的資格，撤銷邀請的理由是因為認定她是「伊斯蘭教恐懼症」。對性別議題有意見的演講者也被禁止發言，理由據說是因為演講者對女性或跨性別者懷有狹隘的偏見。另外還有其他令人擔憂的狀況——例如國際大屠殺紀念聯盟（IHRA）反猶太主義定義的起草者肯尼斯．斯特恩（Kenneth Stern）就很擔心英國校園針對以色列評論家提出的反猶太主義指控是缺乏證據且造成誹謗的「麥卡錫主義」，會對言論自由產生「寒

麥卡錫主義（McCarthyite）：此指透過大規模宣傳和缺乏足夠證據的指控，造成對人格和名譽的誹謗。

蟬效應」。

我們可以想說什麼就說什麼嗎？顯然不行。即使在「自由國家」，能說的話也會受到各種法律限制，而且我們會因為社會壓力進行自我審查。有時候對於言論自由的限制是合理的，有時候不合理。要決定哪些限制合理及哪些限制不是合理絕非容易之事。

寒蟬效應（Chilling Effect）：形容對言論自由的嚇阻作用。

40 長生不老很好嗎？

哲學家威廉斯談永生的詛咒

有很多方法可以延長我們的壽命。我們可以吃得健康、多做運動，而且未來的科技可能會有更多方法幫助我們延年益壽。到了最後，我們也許能夠擺脫衰老，或者在原本的身體損壞之後取得新的身體，甚至將自己上傳到機器人或虛擬的身體中。

大多數人都想要擁有比一般更長的壽命，然而我們到底希望壽命多長呢？你想要……永遠活下去嗎？

各種宗教都承諾信徒可以獲得永生，可是沒有盡頭的人生很令人嚮往嗎？這在一定程度上取決於那是什麼樣的人生。根據聖經，天堂的喜樂來自大量吟唱上帝的讚美詩，但美國作家馬克吐溫（Mark Twain）認為那種人生並不是非常吸引人：

> 在牧師講道時，你聽到在天堂可以永恆吟唱讚美詩歌並且揮舞棕櫚樹枝，那種想像似乎非常美好，然而我們明明可以將寶貴的時間拿去做其他的事情，吟唱詩歌和揮舞棕櫚樹枝根本只是浪費時間。

能與上帝同在無疑是一種難以形容的美妙，但這種喜悅在幾千年之後難道不會開始消退嗎？

正如我們在第二十八章〈為什麼我不珍惜擁有的一切？〉中讀到的，我們人類似乎就是如此：像失去手腳這樣的壞事，或者像中樂透這樣的好事，只會讓我們變得比較悲傷或比較快樂一段時間，但我們很快就會適應，並恢復到與之前大致相同的歡愉水準。倘若這是真的，如果我們不想厭倦上帝，就必須改變某些相當基本的事物——不僅我們的環境必須改變，我們的內在也得改變，才可能享有與上帝相伴的永恆幸福。

永遠活在這世上到底是什麼感覺？永生真的值得擁有嗎？到最後難道不會變得無趣嗎？在萊奧什・楊納傑克（Leoš Janáček）根據卡雷爾・恰佩克（Karel Čapek）的同名戲劇所改編的歌劇《馬克普洛斯檔案》（*The Makropulos Case*）中，主角歌劇演唱家艾蜜莉亞・馬蒂（原名愛琳娜・馬克普洛斯）的父親提供她長生不老的藥，只要她持續服用，那種長生不老藥就可以無限延長她的壽命。艾蜜莉亞已經活了三百多歲，可是看起來不超過三十歲。然而，她開始覺得人生沉悶得難以忍受，甚至在勾引一位男爵之後躺下來感嘆自己對男歡女愛已無動於衷。她悲嘆道：「到最後結果都一樣，無論歌唱或者沉默。」艾蜜莉亞不願再服用那種長生不老的藥，她寧可選擇死去。

英國哲學家伯納德・威廉斯（Bernard Williams）在其著名的論文〈馬克普洛斯檔案：對不朽感到厭煩的反思〉（The Makropulos Case: Reflections on The Tedium of Immortality）中同意太早死亡是壞事，但太晚死亡可能也是壞事，而且正如愛琳娜・馬克普洛斯的體認，無法死去其實是一種詛咒。就算永遠活在這世上的技術能以某種形式實現，也許是靠長生不老的藥，也許是以電子形式將我們上傳至機器人或虛擬的身體中，但永生是否真的令人嚮往仍有爭議。

假如我們可以將自己上傳至一個完全適合我們的虛擬環境，那種環境能提供我們無窮無盡的新奇刺激，還能讓我們變得更好——教育我們、為我們持續開啟新的大門——因此即使我們對某種活動感到厭煩了，還可以從事其他無數種活動。可憐的愛琳娜．馬克普洛斯可能已經厭倦了性愛與歌唱，但是她可以不必繼續當歌劇演唱家，她可以變成一名探險家、大提琴家、外科醫生、建築師或科學家。有了虛擬的身體之後，我們的視野就更不受限制。我們可以改變自己的身體，以便在水中呼吸或者在不依靠任何設備穿越太空；我們可以不斷擴大交友圈、認識迷人的新朋友；我們不必侷限在這個受特定法則約束的宇宙，甚至可以去探索在物理層面無法企及的境界。

儘管如此，我們還是會擔憂：就算能接觸到無窮無盡的新鮮事物，我們難道不會有一天又覺得無聊嗎？難道一個又一個新鮮的體驗不會使我們疲倦嗎？難道我們最後不會被永不停歇的連續喜悅困住並且感到厭煩嗎？

事實上，我不懂為什麼非得要有無窮無盡的新鮮刺激才能使人生充滿樂趣，因為大多數人似乎比較喜歡享受更多同樣的事物。我們確實喜歡有一點多樣性，例如在飲食的選擇上。但我們喜歡那種多樣性一再重複：「太好了，今天是星期五，又可以吃魚了！」如果我們就是這種樣子——喜歡享受例行公事——我看不出為什麼永生會無可避免地變得無聊。

即使我們有一些人需要不斷有新的樂趣才能保持快樂，我們仍可以藉著重新整理自己而不必依賴新的樂趣，其中一種明顯的解決方式就是限縮我們的記憶。假設你以前曾吃過無數次某一種非常好吃的異國風味冰淇淋，但如果你不記得自己吃過就不會老是惦著：「噢，拜託不要又是這種冰淇淋了。」就算你吃了一百萬次，嘗起來的味道也會像你第一次吃的時候那麼美妙。

總而言之，我不相信永生必然會變得乏味。

41 我是自戀狂嗎？

亞里斯多德談做人的中庸之道

羅馬詩人奧維德（Ovid）的《變形記》（*Metamorphoses*）第三卷（寫於西元前一世紀）中提到納西瑟斯（Narcissus），納西瑟斯是一個長相俊美的男孩，讓住在山林水澤的每一個仙女都愛上他。當納西瑟斯趴在湖邊喝水時，頭一次看見自己的倒影。納西瑟斯被自己的美貌迷住而無法移開目光。他被迷得神魂顛倒，最後憔悴而死。

自戀者就像納西瑟斯一樣被自愛所吞噬。自戀者會過於迷戀自己，以致自愛變成一種問題，就像納西瑟斯一樣。他們可能會變得完全自我陶醉，而開始不想再接觸——也不願意欣賞——自己以外的任何人事物。對自戀者而言，人生的一切都只與「我、我、我！」有關。

經常有人譴責西方人強化了自戀傾向。你只要看一下社群媒體，就不難看出這種批評的理由。雖然我們沒有一直盯著自己在湖面上的倒影，但我們透過自拍照捕捉自己的身影，從螢幕欣賞自己。我最近參觀一家藝術畫廊，驚訝地發現人們對於實際的畫作並不感興趣，他們只把畫作當成背景，在畫作前自拍。吸引那些人到畫廊的誘因，是他們自己的照片。他們嘟嘴、打扮、擺姿勢，然後盯著螢幕，被自己的影像吸引。

就算如此，自愛一點又有什麼關係呢？有句話說：「除非我們愛自己，否則無法愛別人。」美國歌手惠妮・休斯頓所演唱的《最偉大的愛》（The Greatest Love of All）也提醒我們自愛的重要。假如我們高度重視自己，也許不是一件壞事。事實上，如果我們能夠以愛我們心愛之人的方式來愛自己，難道不是好事嗎？

古希臘哲學家亞里斯多德可能會提供一些看法。他認為，有道德之人永遠懂得平衡，因此我們應該要堅持他所謂的**中庸之道**。中庸介於兩個不受人歡迎的極端之間，能夠找到中庸之道就是人生幸福美好的祕訣。

中庸之道（Golden mean）：亞里斯多德認為德性就是中庸之道，至德就是終生實踐中庸之道。

舉例來說，我們可以思考一下勇氣。勇氣介於兩種極端之間：一端是怯懦（逃避各種危險），另一端是魯莽（無意義且無計畫地縱身險境）。勇氣這種美德則介於這兩種不受歡迎的兩極之間。

我們也可以思考一下：一端是過度奢侈和慷慨，另一端是過度刻薄和吝嗇。同樣地，正如追隨亞里斯多德思想的伊斯蘭哲學家加札利（al-Ghazali）指出的，道德之人會採取介於這兩種極端之間的立場：

> 人們應該透過節制，在奢侈與吝嗇之間取得平衡，並且致力於與兩種極端保持距離。

義大利哲學家兼神學家聖多瑪斯．阿奎納（St. Thomas Aquinas）深受亞里斯多德的影響，並且對後來的基督教思想產生巨大的影響。他採用亞里斯多德關於美德的觀點，認為：

……邪惡就是與（循規蹈矩的）規則或基準不一致，也許是超出基準，也許是沒有達到基準。……因此，很明顯地，道德上的美德注重中庸之道。

無論亞里斯多德、加札利和阿奎納關於「美德永遠是在兩種極端之間找到一個中間點」的論據是否正確，至少他們在自愛方面的看法可能沒錯。一端是極度不足：對自己完全漠不關心甚至蔑視的態度（這顯然不是一種良好的狀態）；另一端是極度自戀：過於自愛以致開始危害我們好好過生活的能力。在理想的狀況下，我們必須在這兩種極端之間找到一個健康的平衡點。

所以，你是自戀者嗎？希望你是一個以健康的程度愛自己的人。缺乏自愛是一件壞事（亞里斯多德會補充表示，你應該愛自己美好的特質——你的美德，而不是你在鏡中美麗的倒影）。但你是否過度迷戀自己？你的自拍照是否正成為現實生活的障礙？你是否太欣賞自己，以致將其他人（甚至你的朋友和家人）都視為以你為中心的故事配角？若是如此，你可能真的很自戀。

42 我是完美主義者嗎？

柏拉圖怎麼看完美

完美主義者是努力追求完美的人，他們可能也會要求別人完美。但這有什麼不對嗎？

很顯然地，身為完美主義者可能會有壞處。如果你要求自己完美，但考量到人性的弱點和限制，很少人能夠達到完美，因此你可能會不斷對自己失望，甚至因此變得自卑或抑鬱。

如果你以老闆或家人的身分要求別人完美，但他們表現得太過人性而無法達到你的要求，那麼你的態度可能會讓他們覺得自己很差，並且因此憎恨你荒謬的高度期望。

完美主義還有更不利的一面：它可能導致停頓。如果我在找工作、買車或選擇人生伴侶時只要求完美，而完美無法實現，於是我將必須放棄一切。如果每個選項都因為不夠好而被我拒絕，我最後將會陷入沒有人生伴侶、沒有家、沒有車、沒有工作的窘境。

然而，身為完美主義者也有好處。沒錯，如果完美是無法企及的，完美主義者就永遠無法達到完美。但透過努力追求完美，我們可能取得遠超過本來的成就。擁有遠大的目標，起碼會有一半的成就。相反地，馬馬虎虎就能感到滿足的人，成就大概也只會勉勉強強。

美國哲學家邁克爾・斯洛特（Michael Slote）在《完美的不可能性：亞里斯多德、女性主義和倫理學的複雜性》（*The Impossibility of Perfection: Aristotle, Feminism, and the Complexities of Ethics*）一書中認為完美是做不到的。為什麼？這個嘛，請想像一座完美的花園：完美的花園可能有修剪整齊且沒有雜草的翠綠草坪，以及完美綻放的玫瑰，每一種植物都必須展現出最佳姿態。可是，如果這些完美狀況無法同時發生呢？如果要將某種植物照顧到使其展現最佳姿態，便無可避免地會導致其他植物被放在照顧清單上的第二順位，這該怎麼辦？如此一來，完美的花園就無法存在。同樣的道理，斯洛特認為坦率與圓融都是美德，但一個人不可能既完全圓融又完全坦率，因為一個完全坦率之人必然會有些缺乏圓融。既然如此，就沒有人能成為在道德上完美之人，既表現出完美的坦率，又表現出完美的圓融。

不過，即使沒有人能像《歡樂滿人間》的瑪麗．包萍那樣「在各方面都幾乎完美」，難道我們不能至少在基本上達到各種美德的最佳平衡嗎？難道我們不應該至少以此為目標嗎？

有些人認為，倘若完美無法實現，試圖達到完美就沒有意義。但也有些人覺得這種想法是一種有害的哲學，因為就算我們永遠無法完全根除犯罪、種族歧視或貧窮，也不能因此就不努力消除犯罪、種族歧視或貧窮。我們不能說：「因為犯罪、種族歧視和貧窮將與我們永遠相伴，所以試著解決這些問題是沒有意義的，還不如把精力放在其他的事物上。」

完美通常被認為是超凡入聖的。古希臘哲學家柏拉圖有一個著名的觀察：我們對完美抱持著想像，雖然我們從未真正體驗過完美。比方說，我對完美的三角形有想法，可是從未真的見過完美的三角形。我看到的任何一個三角形都不夠完美，例如側邊不夠筆直。那麼，我是從哪裡得到完美三角形的想法呢？柏拉圖認為，就某種意義上，我們對完美的想法是與生俱來的，因為我們在出生之前就已經接觸到真正的完美——包括完美的三角形。你現在之所以能辨識三角形的事物，是因為你之前已經知道完美且超群的三角形範例，所以現在可以拿來比較。柏拉圖將那些完美且超凡入聖的本質稱為**理型**。理型是永恆不變的現實，我們在這個世界上看見的不完美事物是衍生自理型，而且只是暫時且非永久性的存在。（我在第四十五章〈人生還有更重要的事情嗎？〉中將對這個議題有更詳細探討。）

因此，柏拉圖同意完美雖然存在，可是在這個世界上無法實現。另外還有人認為：如果柏拉圖的看法正確，那麼我們每個人其實都是完美主義者，因為在我們內心深處都對完美有所認識，而且我們會拿在周遭看見的事物與模糊記憶中的完美理型進行比較。

可是柏拉圖的看法真的正確嗎？

理型（Forms）：意指事物最原始根本的版本，其他具體的事物都是理型的副本。

43 能以正當理由使用暴力嗎？

蘇格拉底與羅素談暴力

有些人認為，無論我們的處境多麼悲慘，都不可以使用暴力。就算有個瘋子拿斧頭威脅你和你的家人，而且阻止他的唯一方法就是開槍打死他，你開槍仍是錯的。

當然，一般人廣泛認為這種對暴力的絕對禁止是荒謬的。大多數人都覺得，在這麼可怕的情況下訴諸暴力不僅沒有錯，而且如果不使用暴力將導致無辜的人被殘忍殺害，那麼不訴諸暴力就是錯的。

儘管如此，還是有一些人抱持絕不使用暴力的極端觀點。有些人以聖經為依歸，因為十誡之一就是「不可殺人」，而且耶穌曾說：「可是我告訴你們，不要與惡人對抗，有人打你的右臉，就轉過來讓他打另一邊。」有些人認為不可以暴制暴，不是因為宗教上的理由。在柏拉圖的《克力同篇》（*Crito*）中，也提到蘇格拉底曾說過類似的話語：「永遠不可對他人作惡，無論他們如何施惡於你。」

有些人把耶穌的話解釋為：無論在什麼情況下，訴諸暴力永遠是錯的。許多早期的基督徒以這種方式理解耶穌的教導，即使受到殘酷的迫害，也完全信奉非暴力。

另一方面，有些人則認為使用暴力在聖經裡是有所依據的。舊約裡的上帝似乎容忍戰爭，並且命令以色列人作戰。祂甚至為以色列人揀選敵人，並決定他們何時及如何消滅敵人。有一次上帝自己也加入了戰鬥，向敵人投擲冰雹。祂甚至阻止太陽西下，好讓以色列人有更多時間屠殺敵人。上帝要求以色列人不要俘虜敵人，堅持他們殺光所有的男人、女人，甚至孩童。舊約的上帝是好戰的上帝。

多數基督徒相信上帝會在適當的情況下寬恕戰爭。在嘗試決定何時可以發動戰爭時，他們經常訴諸哲學家聖奧古斯丁的思想。聖奧古斯丁是西羅馬帝國時代的人，他認為基督徒在滿足兩種條件的情況下可以不昧良心地加入羅馬軍隊服役並參與戰爭。首先，戰爭必須由**合法的政權**發動。在奧古斯丁的時代，合法的政權應該是指西羅馬帝國的皇帝。第二個條件是必須要有**正當的原因**：戰爭應該是為了對抗真正的不公，而不是為了助長宣戰者的擴張目的。

這兩種條件後來被其他的宗教思想家加以擴張，中世紀義大利哲學家聖多瑪斯・阿奎納便是其中之一。阿奎納補充道，戰爭應該出於**善意**。阿奎納意識到，侵略者也可能符合聖奧古斯丁提到的那兩種條件，因為他們可能碰巧與正義站在同一邊，但實際上卻是基於完全邪惡又自私的理由開戰——也許是為了俘虜更多人與占據更多土地。

後來這三種條件被人們進一步琢磨修改。西班牙道德家法蘭西斯科・維多利亞（Francisco de Vitoria）新增如下條件，戰爭應該恰當地進行，也就是不應該過度使用武力，也不應該將無辜的平民當成攻擊目標。為了糾正一些輕微的不公正而對平民百姓使用核子武器顯然是不被接受的行為。

因此我們多數人——甚至多數的宗教人士——都主張個人有時候可以合理訴諸暴力以自衛或保護無辜之人。大多數人也認為，在符合某些條件的情況下，國家可以合理發啟戰爭。

然而，那些情況是否真的符合條件，往往引起爭議。在第二次世界大戰期間，同盟國對平民百姓進行轟炸，這一點看起來明顯違反維多利亞的要求，可是這麼做是合理的，因為當時每一個平民百姓都透過某種方式為戰爭做出貢獻，因此他們實際上都是戰士。

根據一些人的說法，二〇〇三年的伊拉克戰爭就是以不好的理由開戰。他們認為，這場戰爭並非由相關的當權者——聯合國——發動，而是由美國和其他國家發動。他們還認為那場戰爭是基於自私的理由開戰：因為美國希望對中東進行戰略控制，以獲取龐大的石油資源。但主張那場戰爭合理開打的人認為，該戰爭的目的是消滅大規模屠殺的武器，並且從專制政權手中解放當地的人民。他們還堅稱那場戰爭是不得不採取的手段，因為迫使當時伊拉克總理薩達姆．海珊放下武器的各種方法都已用盡。人們通常都有辦法找出可套用在發動正義之戰的條件和理由，無論他們支持或反對哪一場戰爭。

知名的和平主義哲學家伯特蘭．羅素為他所謂的「相對政治和平主義」進行辯護，認為有時候開戰是合理的，但是「很少戰爭值得開打，而且戰爭造成的罪惡幾乎總是比戰爭剛開始時人們以為的更重大」。羅素將他的和平主義稱為「相對的」和平主義，因為他並不主張全面禁止戰爭。他還稱其為「政治的」和平主義，因為他認為我們應該把精神花在找出防止政府參與不合理戰爭的方法上——例如透過公民不服從行動。羅素曾反對英國參與第一次世界大戰，他對那場戰爭的抗議，導致他被政府罰款，行動自由也因此受到限制。羅素原本也反對英國向希特勒宣戰，但最後改變了主意。

絕對非暴力的立場有意義嗎？加拿大哲學家簡・納維森（Jan Narveson）認為，指稱「暴力在道德層面永遠是錯的」涉及了一種矛盾。說暴力永遠是錯的，就等於認為暴力受害者有權利不受暴力傷害，這樣的權利包括防止別人對你施加暴力，並且可以在必要的時候使用暴力反擊。因此，納維森做出結論：絕對禁止暴力反而賦予我們使用暴力的權利——這種立場自相矛盾。

英國哲學家格洛弗在回應納維森時指出，我們有權利保護自己免於受到暴力傷害，並不等於我們有權利使用任何必要手段——包括使用暴力。格洛弗說：「認為某件事是錯的，不等於認為那件事的受害者有不受限制的自我防衛權利。」因此，絕對非暴力的立場並非不合邏輯。

儘管如此，採取絕對的非暴力可能不是明智之舉。有些人認為非暴力的反抗行動最後會獲得勝利，但這是必然的嗎？當然，非暴力的抗爭運動是成功的，而且在許多情況下是有效的政策。甘地（Gandhi）對英國統治的非暴力抗爭最後成功地將英國人趕出印度，而馬丁・路德・金恩（Martin Luther King）對於種族隔離的非暴力抵抗也達到了目的。不過，雖然有一些非暴力運動獲得成功，也有一些以失敗收場。西藏人在一九五〇年對中國入侵的非暴力抵抗遭到殘酷的鎮壓，看起來就是完全失敗的。

公開採取非暴力立場的一個明顯缺點，是讓別人知道如果他們攻擊你，你不會使用暴力反擊。把另一邊的臉也轉過來，不就等於讓侵犯者知道他們的侵略是成功的嗎？既然如此，我們會不會因為採取絕對的非暴力立場而提高了暴力氾濫的風險呢？正因為這種考量，許多人認為絕對的非暴力政策是不明智的。

44 我找到「真命天子」了嗎？

叔本華談幻想的真命天子

我們許多人都在尋找「真命天子」——我們的理想伴侶。然而，想與某人建立一輩子的浪漫關係是好主意嗎？雖然我們許多人對於親密關係、朋友關係、浪漫關係和性關係有強烈的渴望，並希望只與一個對象建立這些關係，但並非每個人都覺得這種渴望完全可靠。

十九世紀的德國哲學家叔本華指出，浪漫的愛情非常強烈，能驅使人們做出愚蠢和危險的事。那是一種使人陶醉的情感，可以完全吞沒我們，甚至可能導致自殺和殺人。不過叔本華也表示，愛情其實是大自然玩弄我們的把戲。浪漫愛是大自然賦予我們的情感，以便我們的物種能永遠延續下去。追根究柢，這種激情的目的就是進行有性生殖。我們感受到尋找浪漫伴侶的動力，是因為我們相信這麼做會對我們有益，但事實上這麼做只有利於物種的存續。根據叔本華的論點：「大自然藉著在人類身上植入某種幻覺以達到其目的，由於這種幻覺，實際上只對延續物種有利的事似乎也會對個人有助益。」

我們基於本能想找「真命天子」，真的是大自然玩弄我們的把戲嗎？當然，叔本華太憤世嫉俗了。很顯然地，我們對浪漫伴侶的渴望在一定程度上是我們演化的結果，從大自然的角度來看，其目的至少在一定程度上是繁衍後代。儘管如此，這不代表我們與忠誠堅定、給予支持且充滿情愛的人生伴侶孕育下一代的同時無法從中獲益，畢竟許多人毫無疑問都因此受惠。

雖然叔本華對於浪漫愛有一種特別厭世的觀點，有些人卻無可救藥地不切實際、過分樂觀。有些人認為，有一個獨一無二的完美對象正在某個地方等著你，也有一個獨一無二的完美對象在等著我，如果我們最後找到了注定與我們在一起的「真命天子」，我們的人生就能永遠圓滿。

這種觀點在柏拉圖的《會飲篇》（*Symposium*）闡述得很精確：古希臘哲學家

蘇格拉底與劇作家阿里斯托芬（Aristophanes）參加一場飲酒晚宴，並且以愛情為題發表演說。阿里斯托芬在晚宴中分享一個迷人的故事，內容是關於人類以前曾經是兩兩結合為一的生物，有些人是兩個女性結合在一起，有些人是兩個男性一起，有些人則是一男一女，這些奇特的生物都有四條腿、四隻手、四隻眼睛和兩張嘴，並且以翻滾的方式移動。不幸的是，當這些奇特的生物試圖攀上奧林帕斯山並反抗眾神時，宙斯將他們每個人都切成兩半。所以現在每個人都試著找到自己的另一半，並且與可能適合的對象結合。之前由兩個女性組成的人，現在會與女性結合——也就是現在的女同性戀者；之前由兩個男性組成的人，就是現在的男同性戀者。由一男一女組成的人，現在會與異性結合。當他們最後找到真正的另一半時，就會希望永不分離。

雖然阿里斯托芬的故事很可愛，但每個人都有獨一無二的「另一半」的觀念顯然是錯誤的。沒有哪個特別的人能夠使你完整，只有你能成就自己，而且很多人都能夠使你快樂。

我們最終能不能找到對象，有很大的程度是看運氣，而且也與我們出生在哪個國家、住在哪個地方、我們的社會階層以及我們上哪間大學或參加哪些社交團體有關。除非你相信命運——相信你命中注定要與這個星球某個地方的某個人在一起，而且命運會確保你們彼此相遇——否則，很明顯地，你最後能和誰在一起有很大程度取決於運氣。假如你出生在不同的國家，或者身為貴族，或者沒有在某天參加某一場聚會，你最後就可能會有不同的人生伴侶，然而你和另一個伴侶同樣可以很快樂——甚至可能會更快樂。

因此，當我們談到尋找「真命天子」時，通常不是指在這世界上找到唯一一個能使我們人生變完整的人。起碼，如果我們很務實，就不會那麼想。很顯然地，事實與阿里斯托芬所暗示的相反，那個真正的另一半其實並不存在。更確切地說，我們只是從遇到的人或可能遇到的人之中找出最適合我們的對象。但我們要怎麼知道那個最適合的對象出現了？

選擇人生伴侶當然要取得平衡。正如我們在第四十二章〈我是完美主義者嗎？〉中讀到的，如果你把標準定得太高，可能就會因為覺得每個人都不夠好而拒絕他們，到了最後你就沒有對象。另一方面，如果你把標準定得太低，可能又會覺得自己找了一個不適合的人而後悔一輩子。

雖然這可能是陳腔濫調的建議，但找一個欣賞你原本樣貌的人可能是明智的方法。不要選擇那些將你視為「任務」的人——那些人只把你當成原料，希望將你塑造成他們理想伴侶的模樣。由於人類並非那麼溫順且容易改變，所以到最後對方和你都可能會感到失望。而且不管怎麼說，誰願意成為別人的創造物？

還要避免挑選那些喜歡剪斷你的翅膀、挫敗你野心的人。很顯然地，你應該找一個你愛而且愛你的人。不過，找一個支持你、願意幫助你實現目標並且樂於看到你成功的人也很重要。支持你的人會具有同理心，願意聽你說話並且與你合作，在你遇上困難時可以信任對方。如果你已經尋覓到符合這些條件的人，你可能已經找到「真命天子」。

45 人生還有更重要的事情嗎？

透過柏拉圖的理型論看人生

如果我們問別人：現實是什麼？大多數人可能會指著我們周圍看到的世界，說：「這就是現實。」現實是由小狗、房子、樹木、山脈、星星和行星組成的。當然，我們無法看到全部的現實。我們看不到最遙遠的星系或次原子粒子，但我們觀察到的至少是現實整體的一部分。然而，並非所有的哲學家都同意這種「常識」觀點，古希臘哲學家柏拉圖尤其不認同。根據柏拉圖的看法，現實世界是隱藏的，我們周遭看見的只是現實世界的影子或反射。

柏拉圖以一個故事來解釋他對現實的見解。一群囚犯被鐵鍊栓在一個洞穴底部，那些囚犯只能看見位於他們面前的一道牆。他們的後方有火爐，火光會在那道牆上投射出陰影。囚犯的後方有很多東西來來回回地搬運，那些東西的影子投射在牆上，由於囚犯只看見到牆壁，所以他們都以為影子就是真實的事物。

然後，其中一名囚犯獲得釋放。他在轉身的那一瞬間因為爐火的火光而睜不開眼睛，等到他的視力適應光線之後，他發現自己原本認為的現實世界只是影子，真正的事物隱藏在他的視線之外。接著這名囚犯被帶到洞穴外，他看見了太陽。同樣地，他一開始也睜不開眼睛，可是等到視力調整之後，他便明白太陽是萬物的源頭。這個剛開竅的囚犯回去找其他的囚犯，但那些囚犯都不相信他說的話。他們不相信自己被欺騙了，也不相信現實隱藏在他們背後。那個已經開竅的囚犯堅持自己的看法，結果惹怒了其他人並且遭到攻擊。

根據柏拉圖的說法，我們的情況和那些囚犯很相似。我們被自己的感官愚弄，誤將眼前所見的事物當成現實，但我們看到的其實只是影子戲。我們看見的那些轉瞬即逝、不斷變化的事物——包括小狗、房子、樹木和山脈——都只是隱藏在我們視線外的永恆完美事物的影子。

我們要如何才能看到那些隱藏的現實呢？根據柏拉圖的見解，我們必須透過理性判斷的力量，去了解柏拉圖所說的「**理型**」——隱藏在我們感官之外的真實事物。我們只能透過哲學的理性判斷才能了解理型。

當然，現代人會覺得柏拉圖這種「我們的感官無法理解現實」的觀點聽起來很怪，因為現代人相信以觀察這世界為基礎的科學是了解現實最佳方法，或許更是唯一的方法。但如果柏拉圖的見解正確，透過科學認識現實就是浪費時間。

柏拉圖關於現實的觀點強烈影響基督教的思想。你可以在《獅子・女巫・魔衣櫥》及其他納尼亞傳奇故事的作者C. S. 路易斯（C. S. Lewis）的作品中讀到柏拉圖造成的影響。在納尼亞傳奇的最後一部著作《最後的戰役》，納尼亞的末日到來，陸地被大海吞沒，太陽也不再閃耀。納尼亞的居民從一扇門走到一個充滿驚奇的新世界，那裡就像原本的納尼亞，只是更為美好。故事裡的那些孩子們被告知，英國與納尼亞其實都只是真實世界的影子。他們的老師狄哥里・寇克教授甚至這樣解釋：「柏拉圖早就說過了，柏拉圖都說過。我的老天，學校裡都沒教你們嗎？」最後，到了故事的最後一頁，那些孩子們明白自己已經死去，但是會在這個新的世界裡永遠活著。他們過去的人生只是一場夢，在這裡會有全新的開始。一九九三年講述C. S. 路易斯生平的傳記電影，片名就是《影子大地》。

談論一個隱藏在我們視線外的非凡現實、一個我們死後會去的地方，聽起來很令人興奮。假如這是真的，不是非常美妙嗎？但我們為什麼要相信有這個地方存在？

柏拉圖為這個非凡現實之境的存在提供了幾項哲學論據，其中最有名的論據稱為「**一與多論證**」（One Over Many Argument），其內容如下。

比方說，請看一看五種美麗的東西：漂亮的花瓶、山脈、畫像、日落和花朵。這些東西有一個共同點：它們都很漂亮。因此，這些東西和其他所有美麗的事物都有一種共同的特點——在許多美麗的事物中，存在著一種額外的東西，這種額外的東西——美——使得這些事物變得美麗。

然而，我們在周圍的世界無法看到這種額外的東西——美的本身，因為我們所看到的事物都不是完美的美，即使最美的花朵也會有瑕疵。除此之外，我們看到的事物也會不斷變化：一朵美麗的花只能綻放幾天，然後就會凋謝；美麗的日落只能持續幾分鐘。美的本身是完美的，而且會永遠不變。柏拉圖稱這種更高層級的東西——美的本身——為美的理型，它是完美且永恆不變的。柏拉圖補充表示，我們在四周看見的所有美麗事物都是從美的理型衍生出來的。它們之所以存在，是因為理型存在，就如同影子之所以存在，是因為產生影子的真實事物存在。

柏拉圖認為，正如美有其理型，所以也有樹木的理型、房子的理型和貓咪的理型——事實上，每一種事物，無論有生命還是無生命，都有理型。因為如同所有美麗的事物都有共同點——美，所有的樹木也會有共同點——樹的理型。所以，除了我們看到的特定樹木之外，還有一種額外的東西存在——樹的理型。理型是完美且永恆不變的，不像我們看見的特定樹木，那些樹木都有缺陷，而且最終都會死亡。

因此，柏拉圖認為有一個完美且永恆不變的理型世界，我們在周圍看到的小狗、房子、樹木和山脈都只是那個世界短暫的影子或倒影，那些理型隱藏在我們的感官之外。

柏拉圖接著再以他的「一與多論證」來補充最後一種理型：當然，理型本身也是一種東西：它們都是理型，所以也有共同點，而這種額外的東西就是**理型的理型**（the Form of the Form）。

理型的理型是終極的理型，是所有事物與完美最終將川流不息的理型。柏拉圖將其稱為善的理型（the Form of the Good）。

在柏拉圖的洞穴寓言中，位於囚犯身後的東西就是理型，而被認為是萬物源頭的太陽則是善的理型。

這個論點聽起來可能有點耳熟。當我們死去時，我們會去到一個完美的地方，那裡有「終極的現實」，所有的事物與完美都將川流不息。這聽起來很像天堂與上帝，不是嗎？這並不完全只是巧合，因為柏拉圖提出的終極現實觀點，多年來一直被許多宗教思想家採用，包括C. S. 路易斯。我們現代關於上帝的觀點可能至少要歸功於柏拉圖這樣的哲學家，因為他們的影響力與舊約聖經一樣深遠。

當人們問「人生還有更重要的事情嗎？」的時候，他們可能經常在腦子裡這樣思考：我們就像柏拉圖提到的那些被拴住的囚犯，被某種錯覺所吸引，以致我們錯過了更高層級的現實。但問題是：這是真的嗎？假如我們死後能夠去到一個美妙的世界，這當然非常好，然而柏拉圖是否給了我們充分理由相信這是真的？

柏拉圖本人也意識到他的「一與多論證」有問題，最有名的難題之一就是它似乎證明了太多東西。比方說，如果柏拉圖的論據是有一種美的理型存在、有一種樹的理型存在、有一種小狗的理型存在，那麼肯定也有一種糞便的理型存在——各種糞便的某個共同點。事實上，依據柏拉圖的推論，似乎每一種噁心、有病或惡性的東西都會有一個理型存在，但這麼說來，理型的範圍就不像天堂般美妙了，不是嗎？誰想去天堂時還得面對無窮無盡的大便？

結論　繼續提升自我、探索哲學

如果你喜歡這本書而且想要更進一步探索哲學，你也許會有興趣閱讀我的作品《哲學體操》和《偉大的哲學家》（*The Great Philosophers*）。我也強力推薦以奈傑爾・沃伯頓（Nigel Warburton）的《哲學的40堂公開課》作為這個主題的入門讀物。

除了閱讀相關的哲學書籍之外，你還可以考慮加入定期聚會的哲學俱樂部，例如「酒館裡的哲學」（Philosophy in Pubs，詳細資訊請參考其網站：www.philosophyinpubs.co.uk），或者批判思考的俱樂部，例如傑出的「酒館裡的懷疑論者」（Skeptics in the Pub，其網站為www.skepticsinthepub.org）。現在許多國家都有健全的哲學與批判性思考討論小組，並且定期舉辦活動，例如美國的「邊喝酒邊思考」（Thinking While Drinking），其網站為http://thinkingwhiledrinking.org/。如果你想找一個適合你且距離不遠的小組，可以試著在Meetup網站（www.meetup.com）

上搜索「哲學」和「批判性思維」等關鍵字。

有一些大規模開放線上課程（Massive Open Online Courses，簡稱MOOC）提供優異且免費的哲學課，還有一些收費便宜且獲得正式認可的線上課程，其課程主題十分廣泛，牛津大學的進修教育部門就是其中之一。

謝辭

感謝安娜・莫茲（Anna Motz）、馬西莫・皮戈里奇、蒂妲・史多利・羅（Tilda Storey Law）和奈傑爾・沃伯頓對這本書初稿部分內容充滿幫助的回饋，並且特別感謝我的朋友湯姆・皮林（Tom Pilling）。

本書登場的思想家

以下依出場順序列出七十位思想家。他們分別是哲學家、心理學家、文學家、科學家、天文學家、經濟學家、神學家等，於各領域激發我們在夜半時刻東想西想的閃亮火花。

✦**亞里斯多德**（Aristotle, 384-322 BC）：古希臘哲學家、柏拉圖的學生，特別關注德性的養成，而其哲學核心是「目的論」。

▼▼▼序言、第一章、第九章、第十章、第四十一章

✦**伊比鳩魯**（Epicurus, 341-270 BC）：古希臘哲學家，伊比鳩魯學派的創始者，核心信仰為心靈的平靜。

▼▼▼第一章、第八章

✦**大衛・休謨**（David Hume, 1711-1776）：蘇格蘭哲學家，將經驗主義發展到極

致，進而成為徹底的懷疑論者。

▼▼▼第二章、第十章、第二十一章、第二十五章、第三十四章

◆**卡爾・沙根**（Carl Sagan, 1934-1996）：著名美國天文學家、科幻小說及科普作家，亦是行星學會的成立者。

▼▼▼第二章

◆**凱薩琳・泰勒**（Kathleen Taylor, 1953-）：大眾科學作家，也是牛津大學生理學，解剖學和遺傳學系的研究科學家。

▼▼▼第三章

◆**柏拉圖**（Plato, c. 428/427 or 424/423–348/347 BC）：古希臘哲學家、蘇格拉底最為傑出的門徒，也是亞里斯多德的老師。柏拉圖哲學的核心為「理型論」。

▼▼▼第四章、第十九章、第二十九章、第四十二章、第四十三章、第四十四章、第四十五章

◆**約翰・洛克**（John Locke, 1632-1704）：英國哲學家，也是經驗論傳統的先驅，並認為「知識皆來自感官」。

▼▼▼第五章、第二十一章

◆**希波的聖奧古斯丁**（St. Augustine, 354-430）：羅馬帝國末期的早期基督教神學

家、哲學家，著有自傳《懺悔錄》。 ▼▼▼第六章、第二十八章、第四十三章

✦**威廉・萊恩・克雷格**（William Lane Craig, 1949-）：美國基督教哲學家，辯護支持上帝存在的宇宙論論證。 ▼▼▼第六章

✦**聖安瑟莫**（St. Anselm, 1033-1109）：義大利神學家，經院哲學初期代表人物，以論證上帝存在的本體論論證聞名。 ▼▼▼第六章

✦**喬納森・愛德華茲**（Jonathan Edwards, 1703-1758）：美國新教傳教士和哲學家，被譽為美國最出色的神學家。 ▼▼▼第六章

✦**亞瑟・叔本華**（Arthur Schopenhauer, 1788-1860）：德國哲學家，因其悲觀主義聞名於世。 ▼▼▼第七章、第四十四章

✦**大衛・貝納塔**（David Benatar, 1966-）：南非哲學家，代表作為宣揚反生殖主義的《生兒為人是何苦：出生在世的傷害》。 ▼▼▼第七章

✦**盧克萊修**（Lucretius, 99-55 BC）：羅馬共和國末期的詩人和哲學家，以哲理長詩

《物性論》流傳於世。

▼▼▼第八章

✦**理查・萊亞德**（Richard Layard, 1934-）：英國經濟學家，致力於研究「快樂經濟學」，幫助人們了解影響快樂的因素。

▼▼▼第九章

✦**伊曼紐爾・康德**（Immanuel Kant, 1724-1804）：德國哲學家，啟蒙運動最終的哲學支持者，他嘗試區分科學、道德與宗教，並且在其中尋求理性。

▼▼▼序言、第十章、第二十章、第三十四章

✦**喬治・楊西**（George Yancy, 1961-）：美國哲學家，以白人批判性研究、種族哲學聞名，被認為是二〇一〇到二〇二〇年間富有學術影響力的哲學家之一。

▼▼▼第十章

✦**薩默塞特・毛姆**（Somerset Maugham, 1874-1965）：英國現代小說家、劇作家，也是當時最受歡迎的作家之一，代表作包含《人性枷鎖》、《月亮與六便士》等。

▼▼▼第十一章

✦**勒內・笛卡兒**（René Descartes, 1596-1650）：法國哲學家、現代哲學之父，亦為理性論者，堅持同時轉向主觀性與邏輯運用來論證如何得到客觀性。

▼▼▼第十一章

✦**查理・布羅德**（C. D. Broad, 1887-1971）：英國哲學家，對超自然現象特別感興趣，尤以其對論點徹底且冷靜的檢驗聞名。

▼▼▼第十二章

✦**威廉・金頓・克利福德**（W. K. Clifford, 1845-1879）：英國數學家暨哲學家，數學物理上的克利福德代數正是以他命名。

▼▼▼第十三章

✦**約翰・喀爾文**（John Calvin, 1509-1564）：法國神學家、宗教改革家，主張預定論，認為上帝已經預先選定誰能得救與誰下地獄。

▼▼▼第十三章

✦**路德維希・維根斯坦**（Ludwig Wittgenstein, 1889-1951）：奧地利哲學家，其重要著作為《邏輯哲學論》與《哲學研究》。

▼▼▼第十四章、第二十七章

✦**賀拉斯**（Horace, 65-8 BC）：古羅馬詩人，代表作為《詩藝》（*Ars Poetica*）。

▼▼▼第十五章

✦**尚－保羅．沙特**（Jean-Paul Sartre, 1905-1980）：法國存在主義哲學家，首創「存在主義」一詞。

▼▼▼第十五章、第三十七章

✦**西蒙．波娃**（Simone de Beauvoir, 1908-1986）：法國女性主義哲學家、存在主義哲學家，其論著《第二性》為二十世紀最具影響力的作品之一。

▼▼▼第十五章

✦**哈利．法蘭克福**（Harry Frankfurt, 1929-2023）：美國哲學家，代表作為《放屁！名利雙收的詭話》。

▼▼▼第十六章

✦**伯特蘭．羅素**（Bertrand Russell, 1872-1970）：英國哲學家、經驗論者、唯物論者，主張原子論與極簡主義：將世界的複雜及我們的經驗化約為最簡單的「原子」。

▼▼▼第十八章、第四十三章

✦**理查．道金斯**（Richard Dawkins, 1941-）：英國科學家、知名無神論者，重要代表作為《自私的基因》。

▼▼▼第十八章

✦**蘇格拉底**（Socrates, c. 470-399 BC）：古希臘哲學家，透過街頭問答迫使人意識到自身的無知，進而踏上尋求真理的道路。爾後被指控腐蝕青年思想，遭到判刑並處決。

▼▼▼第十九章、第二十九章、第四十三章、第四十四章

◆**約翰・史都華・彌爾**（John Stuart Mill, 1806-1873）：英國思想家、效益主義的集大成者，其為個人權利理論的辯護也成為「自由主義」的古典說法。

▼▼▼第二十章、第三十九章

◆**羅伯特・諾齊克**（Robert Nozick, 1938-2002）：美國哲學家，其藉《無政府、國家與烏托邦》一書榮獲美國國家圖書獎。

▼▼▼第二十章

◆**弗里德里希・尼采**（Friedrich Nietzsche, 1844-1900）：德國哲學家，代表著作為《查拉圖斯特拉如是說》、《悲劇的誕生》。

▼▼▼第二十章、第三十章、第三十七章

◆**伽利略**（Galileo, 1564-1642）：義大利科學家，其因開展「新科學」的科學家，並因發展新科學而飽受天主教會壓迫。

▼▼▼第二十一章、第三十九章

✦**喬治・柏克萊**（George Berkeley, 1685-1753）：愛爾蘭哲學家、經驗主義哲學家，其承接洛克的經驗主義，進一步主張觀念論：世界實際上是由觀念構成的。

▼▼▼第二十一章

✦**史迪芬・平克**（Steven Pinker, 1954-）：加拿大認知心理學家、科普作家，當今語言和心智研究權威。著有《語言本能》等暢銷書。

▼▼▼第二十二章

✦**威廉・詹姆斯**（William James, 1842-1910）：美國哲學家，也是科學心理學的奠基者，而有「美國心理學之父」之稱。

▼▼▼第二十三章

✦**塞內卡**（Seneca the Younger, c. 4 BC–65 AD）：羅馬斯多葛哲學家，也是尼祿皇帝的導師，但後來被指控參與叛變而遭賜死。

▼▼▼第二十四章、第三十章、第三十一章、第三十八章

✦**愛比克泰德**（Epictetus, c. 55-135）：希臘—羅馬時期的斯多葛哲學家，出生即為奴隸。

▼▼▼第二十四章、第三十章、第三十八章

◆**馬可・奧理略**（Marcus Aurelius, 121-180）：羅馬帝國的皇帝，也是斯多葛學派哲學家。

▼▼▼第二十四章、第三十章

◆**瑪莎・納思邦**（Martha C. Nussbaum, 1947-）：美國哲學家，以政治與道德哲學、古希臘羅馬哲學、女性主義哲學等專業而聞名。

▼▼▼第二十四章

◆**吉爾伯特・賴爾**（Gilbert Ryle, 1900-1976）：英國哲學家，英國日常語言哲學中牛津學派的代表人物，思想深受維根斯坦影響。

▼▼▼第二十五章

◆**邁克爾・艾森克**（Michael Eysenck, 1944-）：英國心理學家，主要專精於認知心理學，以及造成焦慮的認知因素。

▼▼▼第二十八章

◆**菲利普・布里克曼**（Philip Brickman, 1943-1982）：美國心理學家，尤以其對快樂、幸福的研究聞名，作為當時候最了解幸福的人之一，在三十八歲時結束了自己的生命。

▼▼▼第二十八章

◆**丹・柯特斯**（Dan Coates）：心理學家、布里克曼的學生、〈彩券中獎者和事故受害者：快樂是相對的嗎？〉的共同作者，在布里克曼離世後淡出心理學界。

▼▼▼第二十八章

◆**羅妮・珍諾夫－布爾曼**（Ronnie Janoff-Bulman）：美國心理學家、〈彩券中獎者和事故受害者：快樂是相對的嗎？〉的共同作者，早年專注於創傷研究，而後研究主題轉向道德與政治意識形態。

▼▼▼第二十八章

◆**彼得・辛格**（Peter Singer, 1946-）：澳洲哲學家，以其著作《動物解放》（*Animal Liberation*）作為動物解放運動開端，被譽為澳洲十大最具影響力的公共知識分子之一。

▼▼▼第二十八章、第三十二章

◆**馬西莫・皮戈里奇**（Massimo Pigliucci, 1964-）：美國哲學家、紐約市立學院哲學教授，著有《別因渴望你沒有的，糟蹋了你已經擁有的》等書。

▼▼▼第三十章、第三十八章

◆**湯瑪斯・霍布斯**（Thomas Hobbes, 1588-1679）：英國哲學家，除了是當時新科學先鋒，同時也是現代政治理論影響最為深遠的建構者。

▼▼▼第三十一章

✦ **西蒙・拜倫－科恩**（Simon Baron-Cohen, 1958-）：劍橋大學發展精神病理學教授、英國臨床心理學家。

▼▼▼第三十二章

✦ **約翰尼斯・豪斯霍弗爾**（Johannes Haushofer）：現為新加坡國立大學經濟系教授、斯德哥爾摩大學經濟系兼任教授，曾任普林斯頓大學心理學與公共事務助理教授。

▼▼▼第三十三章

✦ **赫維・克萊克利**（Hervey Cleckley, 1903-1984）：美國心理學家，也是精神病領域先驅。

▼▼▼第三十四章

✦ **阿德里安・雷恩**（Adrian Raine, 1954-）：英國心理學家，專精於兒童和成年人反社會和暴力行為的神經生物學和生物社會原因的研究。

▼▼▼第三十四章

✦ **羅伯特・D・海爾**（Robert D. Hare, 1934-）：加拿大心理學家，以犯罪心理學領域的研究而聞名。

▼▼▼第三十四章

✦ **喬納森・格洛弗**（Jonathan Glover, 1941-）：英國哲學家，以倫理研究為人所知。

▼▼▼第三十五章、第四十三章

✦ **珀爾・奧利納**（Pearl M. Oliner, 1931-2021）與**薩繆爾・奧利納**（Samuel P. Oliner, 1930-2021）：薩繆爾・奧利納是納粹大屠殺倖存者，夫婦倆開創了針對非猶太裔歐洲人在大屠殺期間拯救猶太人的社會心理因素研究，代表作為《利他主義人格》。

▼▼第三十五章

✦ **赫拉克利圖斯**（Heraclitus, 535-470 BC）：前蘇格拉底時期古希臘哲學家。以其晦澀難解的風格聞名。他認為，唯一不變的是，宇宙一直在變。

▼▼第三十六章

✦ **馬克吐溫**（Mark Twain, 1835-1910）：美國小說家，代表作為《湯姆歷險記》、《哈克歷險記》。

▼▼第四十章

✦ **萊奧什・楊納傑克**（Leoš Janáček,1854-1928）：捷克作曲家，被譽為二十世紀的音樂風格創新者與重要的音樂家之一。

▼▼第四十章

✦ **卡雷爾・恰佩克**（Karel Čapek, 1890-1938）：捷克小說家、劇作家和評論家，被譽為二十世紀捷克最有影響力的作家之一。

▼▼第四十章

◆ **伯納德・威廉斯**（Bernard Williams, 1929-2003）：英國哲學家，《泰晤士報》將其譽為「二十世紀最傑出、最重要的英國道德哲學家」。

▼▼▼第四十章

◆ **奧維德**（Ovid, 43 BC-18 AD）：古羅馬詩人，其著作《變形記》是古希臘羅馬神話中最重要的作品之一。

▼▼▼第四十一章

◆ **加札利**（al-Ghazali, c. 1058-1111）：伊斯蘭哲學家，一些歷史學家認為加札利是在伊斯蘭教先知穆罕默德後，最具影響力的穆斯林。

▼▼▼第四十一章

◆ **聖多瑪斯・阿奎納**（St. Thomas Aquinas, 1225-1274）：義大利哲學家兼神學家，深受亞里斯多德的影響，被後世譽為史上最偉大的神學家。

▼▼▼第四十一章、第四十三章

◆ **邁克爾・斯洛特**（Michael Slote, 1941-）：邁阿密大學哲學教授，專精於心靈哲學、倫理學與政治哲學研究。

▼▼▼第四十二章

◆ **法蘭西斯科・維多利亞**（Francisco de Vitoria, 1483-1546）：西班牙道德家，以其對於正義戰爭和國際法概念而聞名。

▼▼▼第四十三章

✦**簡・納維森**（Jan Narveson, 1936-）：加拿大哲學家、無政府主義者，其思想受諾齊克影響，政治哲學為其研究專業。 ▼▼▼第四十三章

✦**甘地**（Gandhi, 1869-1948）：印度國父，印度民族主義運動，多被尊稱為「聖雄甘地」，並以「非暴力抗爭」對抗英國的作法為人所知。 ▼▼▼第四十三章

✦**馬丁・路德・金恩**（Martin Luther King, 1929-1968）：美國民權運動領袖，受梭羅〈公民不服從論〉的啟發，起而對抗帝國主義與種族厭迫。 ▼▼▼第四十三章

✦C. S. **路易斯**（C. S. Lewis, 1898-1963）：英國作家，以兒童文學《納尼亞傳奇》聞名於世。 ▼▼▼第四十五章

注釋

1 為什麼我沒朋友？

- 羅斯福總統女兒愛麗絲・羅斯福・朗沃斯繡花枕頭上的座右銘引自 https://www.nytimes.com/2006/12/10/magazine/10Section2b.t-7.html。另見強納森・威佛（Jonathan R. Weaver）與珍妮佛・伯森（Jennifer K. Bosson）合撰之〈我覺得我認識你：與別人分享負面態度可以促進彼此的熟悉感〉（I Feel Like I Know You: Sharing Negative Attitudes of Others Promotes Feelings of Familiarity），發表於：性格與社會心理學公報（*Personality and Social Psychology Bulletin*）第37卷第481-491頁。2011年2月4日於線上發表：https://journals.sagepub.com/doi/10.1177/0146167211398364
- 亞里斯多德，《尼科馬哥倫理學》，第八卷。

2 為什麼我的吐司上有一張臉？

- 大衛・休謨，《宗教的自然史》（*The Natural History of Religion*），第三節。
- 劉劍剛（Jiangang Liu）、李雋（Jun Li）、盧鳳（Lu Feng）、李玲（Ling Li）、田捷（Jie Tian）、李剛（Kang Lee），〈在吐司中看到耶穌：面部幻想性視錯覺的神經和行為相關性〉（Seeing Jesus in Toast：Neural and Behavioral Correlate of Face Pareidolia），腦皮層期刊（*Cortex*）第53期，第60–77頁。2014年4月。

3 我被操控了嗎？

- 凱瑟琳．泰勒，〈思想犯罪〉（Thought Crime），《衛報》，2005年10月8日。線上查閱：https://www.theguardian.com/world/2005/oct/08/terrorism.booksonhealth

4 真的有鬼嗎？

- 二○○八年的益普索／麥克拉奇民調（Ipsos/McClatchy poll）：https://www.ipsos.com/en-us/news-polls/majority-americans-believe ghosts-57-and-ufos-52
- 柏拉圖，《斐多篇》（Phaedo），收錄於李維（C.D.C. Reeve）與派翠克．李．米勒（Patrick Lee Miller）編輯之《古希臘和羅馬哲學入門讀物》（*Introductory Readings in Ancient Greek and Roman Philosophy*），第120頁，81b-d，印第安納波利斯哈克特出版公司（Hackett Publishing Co），2006年。
- 李察．韋斯曼（Richard Wiseman）、艾瑪．格林寧（Emma Greening）與馬修．史密斯（Matthew Smith），〈對超自然現象的信仰與降神會的啟發〉（Belief in the paranormal and suggestion in the seance room），《英國心理學雜誌》（*British Journal of Psychology*）第94冊，第3期，第285-297頁，2003年8月。可在線上閱讀：http://www.richardwiseman.com/resources/seanceBJP.pdf

5 我正常嗎？

- 約翰．洛克，《人類理解論》（*Essay on Human Understanding*），第3卷，第11章，第6節。

6 我會下地獄嗎？

- 聖奧古斯丁，《上帝之城》（*The City of God*），第21卷，第9章。
- 〈中介知識與基督教排他主義〉（Middle Knowledge and Christian Exclusivism），發表於威廉・萊恩・克雷格（William Lane Craig）的「合理信仰」網站：https://www.reasonablefaith.org/writings/scholarly-writings/christian-particularism/middle-knowledge-and-christian-exclusivism/
- 坎特伯雷的安瑟莫，《上帝何以化身為人》（*Cur Deus homo*, 1094-1098），第21章。
- 喬納森・愛德華茲，〈義人可以預見惡人的結局：或者，惡人在地獄所受的折磨，天堂的聖徒不會感到悲傷〉（The End of the Wicked Contemplated by the Righteous: Or, the Torments of the Wicked in Hell, No Occasion of Grief to the Saints in Heaven），第2節。1834年。

7 為什麼要生孩子？

- 亞瑟・叔本華，《論世間苦難》（*On The Sufferings In The World*）。1851年初版。
- 傳道書（Ecclesiastes）第4章，第2-3節（新國際版）。
- 大衛・貝納塔，〈生孩子？直接拒絕〉（Kids? Just say No），發表於Aeon數位雜誌：https://aeon.co/essays/having-children-is-not-life-affirming-its-immoral

8 我會死嗎？

- 伊比鳩魯，《致美諾西厄斯的信》（*Letter to Menoeceus*）。

9 為什麼我無法享受人生？

- 亞里斯多德，《尼科馬哥倫理學》，第1卷。

10 我是種族主義者嗎？

- 伊曼紐爾・康德，《論人類的不同種族》（*Von den verschiedenen Rassen der Menschen*），1777年。
- 亞里斯多德，《政治學》（*Politics*），第1卷。
- 喬治・楊西，《親愛的白人美國》，2015年發表於《紐約時報》。https://opinionator.blogs.nytimes.com/2015/12/24/dear-white-america/
- 大衛・布魯克曼（David Broockman）與約書亞・卡拉（Joshua Kalla），〈持久減少跨性別恐懼症的補充資料：挨家挨戶遊說的現場實驗〉（Supplementary Materials for Durably reducing transphobia: A field experiment on door-to-door canvassing），發表於《科學》期刊，第352卷，第220頁，2016年4月8日出版：http://science.sciencemag.org/content/sci/suppl/2016/04/07/352.6282.220.DC1/Broockman-SM.pdf

12 靈媒是真的嗎？

- https://www.businessinsider.com/professionals-turn-to-psychics-in-uncertain-economy-2013–11?r=US&IR=T

13 我可以「就是知道」事情嗎？

- 威廉・金頓・克利福德，〈信仰的倫理學〉（The Ethics of Belief），收錄於《信仰倫理及其他論文》（*The Ethics of Belief and Other Essays*），紐約阿默斯特（Amherst）普羅米修斯出版公司（Prometheus Books），1999年。

16 什麼是胡說八道？

- 哈利・法蘭克福，《放屁！名利雙收的詭話》（*On Bullshit*）。（最初完成於1986年，2005年以專題著作出版）。

18 人們為什麼信仰宗教？

- 伯特蘭・羅素，〈恐懼，宗教的基礎〉（Fear, the Foundation of Religion），收錄於他的著作《為什麼我不是基督徒和其他論文》（*Why I am Not a Christian, And Other Essays*），第22頁，紐約試金石出版公司（Touchstone），1967年。1957年首次以英文出版。
- 理查・道金斯，〈心靈的病毒〉（Viruses of the Mind），收錄於他的著作《魔鬼的教士》（*A Devil's Chaplain*）。波士頓霍頓・米夫林出版公司（Houghton Mifflin），2003年。
- 請參見皮尤研究中心近期的一項研究結果：https://www.pewforum.org/2019/01/31/religions-relationship-to-happiness-civic-engagement-and-health-around-the-world

  二〇一〇年有一項研究顯示，參加宗教儀式而建立的社交網路能使幸福感提升：林宰尹（Chaeyoon Lim）與羅伯特・普特南（Robert D. Putnam），〈宗教、社交網路與生活滿意度〉

(Religion, Social Networks, and Life Satisfaction),發表於《美國社會學評論》(*American Sociological Review*),第75期,第914頁。2010年。

- 心理學家賈斯汀·巴雷特(Justin Barrett)教授創造了「HADD」這個簡稱,並且在他的《為什麼有人會相信上帝?》(*Why Would Anyone Believe in God?*)等書中使用。加州核桃溪(Walnut Creek)阿爾塔米拉出版公司(AltaMira Press),2004年。

21 美感只存在於觀賞者的眼中嗎?

- 伽利略,《試金者》(*Il Saggiatore*)。
- 大衛·休謨,《人性論》(*A Treatise of Human Nature*),第3卷,第1部分,第1節。

22 世界為什麼這麼混亂?

- 《感知的危險》(*Perils of Perception*),益普索莫里市場研究公司(Ipsos Mori),2013年發表。可在以下網址查閱:https://www.ipsos.com/ipsos-mori/en-uk/perceptions-are-not-reality

23 我的人生什麼時候才會開始?

- 威廉·詹姆斯,《心理學原理》(*The Principles of Psychology*),第4章,1890年。

24 為什麼我老是生氣?

- 塞內卡,《論憤怒》,第3卷,第1頁。

- 愛比克泰德，《語錄》（*Discourses*），第1卷，第1頁。
- 塞內卡，《論憤怒》，第1卷，第11頁。
- 塞內卡，《論憤怒》，第1卷，第8頁。
- 馬可．奧理略，《沉思錄》，第11卷第18章第5項。
- 瑪莎．納思邦，〈超越憤怒〉（Beyond Anger），發表於Aeon數位雜誌：https://aeon.co/essays/there-s-no-emotion-we-oughtto-think-harder-about-than-anger

25 我是誰？

- https://www.bbc.co.uk/news/43202075

28 為什麼我不珍惜擁有的一切？

- https://ourworldindata.org/child-mortality
- 奧古斯丁說：「事實上，欲望永遠不會停歇，因為它是無窮無盡的。就像人們說的，欲望的折磨沒完沒了，就像馬磨坊一樣。」這句引述出自羅伯特．伯頓（Robert Burton）1621年出版的《憂鬱的剖析》（*Anatomy of Melancholy*）中。
- 羅伯特．埃蒙斯（Robert A. Emmons）與邁克爾．麥卡洛（Michael E. McCullough），〈惜福與負擔：日常生活的感恩和主觀幸福感的實驗調查〉（Counting Blessings Versus Burdens: An Experimental Investigation of Gratitude and Subjective Well-Being in Daily Life），發表於《性格與社會心理學期刊》（*Journal of Personality and Social Psychology*），第84卷第2期，第377-389頁，2003年。可在此閱讀：https://greatergood.berkeley.edu/images/application_uploads/Emmons-CountingBlessings.pdf

30 我做了正確的決定嗎？

- 弗里德里希・尼采，〈為什麼我這麼聰明〉（Why I Am So Clever），收錄於《瞧！這個人》（*Ecce Homo*），第10節。可參見瓦爾特・考夫曼（Walter Kaufmann）編譯的《尼采的基本著作》（*The Basic Writings of Nietzsche*），第714頁，紐約蘭登書屋（Random House）出版，1967年。
- https://howtobeaStoic.wordpress.com/2016/11/25/whats-the-point-of-regret/
- 塞內卡，《論憤怒》，第3卷，第36頁。

32 我是壞人嗎？

- 見彼得・辛格的著作《你能拯救的生命：如何在結束世界貧困中發揮你的作用》（*The Life You Can Save: How To Play Your Part In Ending World Poverty*），紐約蘭登書屋，2009年。
- 亞里・蒂霍寧（Jari Tiihonen）等著，〈極端暴力行為的遺傳背景〉（Genetic background of extreme violent behaviour），《分子精神病學》（*Molecular Psychiatry*）第20卷，第786-792頁，2015年。
- 菲力普・杭特（Philip Hunter），〈心理病態的基因〉（The Psycho Gene），歐洲分子生物學組織報告（*EMBO Reports*），第11冊第9期，第667-669頁，2010年9月。

33 如果我失敗的話怎麼辦？

- 前普林斯頓大學教授約翰尼斯・豪斯霍弗爾的「失敗履歷」請參見：https://www.princeton.edu/~joha/Johannes_Haushofer_CV_of_Failures.pdf

- 保羅・麥卡尼在哥倫比亞廣播公司（CBS）的《六十分鐘》（60 Minutes）節目中接受莎琳・阿方西（Sharyn Alfonsi）的訪問。https://www.forbes.com/sites/johnbaldoni/2018/12/12/paul-mccartney-keeping-it-real/#2f8d3e742132
- 《科學人》（*Scientific American*）網頁：https://www.scientificamerican.com/article/why-success-breeds-success/

34 我是心理變態嗎？

- 引自Quora網站，156，2016年9月。
- 羅伯特・D・海爾，海爾心理病態檢測表修訂版（第二版），Toronto, ON, Canada: Multi-Health Systems，2003年。

35 我是好人嗎？

- 喬納森・格洛弗，〈進入善惡花園〉（Into the Garden of Good and Evil），《衛報》，第158期，1999年10月13日。
- 薩繆爾・奧利納與珀爾・奧利納，《利他主義人格—納粹歐洲猶太人的拯救者》（*The Altruistic Personality – Rescuers of Jews in Nazi Europe*），第179頁，紐約自由出版公司（The Free Press），1992年。

37 我為什麼總是把別人推開？

- 引自愛德華・格利普（Edward Grippe）的〈我們選擇的地獄〉（The Hell of Our Choosing），收錄於馬克・桑德斯（Mark Sanders）和傑瑞米・維斯紐斯基（Jeremy Wisnewski）編輯的《倫理學與現象學》（*Ethics and Phenomenology*），第118

頁。另見《密室》劇碼：https://sites.google.com/a/lclark.edu/clayton/commentaries/hell 61

38 我應該如何繼續前進？

- 愛比克泰德，《語錄》，第3卷。
- 塞內卡，《致赫爾維亞的告慰書》（*Consolation to Helvia*）。
- 愛比克泰德，《語錄》，第1卷。
- 馬西莫・皮戈利奇，《別因渴望你沒有的，糟蹋了你已經擁有的：跟斯多噶哲學家對話，學習面對生命處境的智慧》（*How To Be A Stoic*），第190頁。倫敦里德出版公司（Rider Books），2017年。

40 長生不老很好嗎？

- 馬克・吐溫，《風暴菲爾德船長探訪天堂》（*Captain Stormfield's Visit to Heaven*）。

41 我是自戀狂嗎？

- 加札利，宗教科學的復興（*Ihya Uloom-id-Din*），第2章。
- 多瑪斯・阿奎納，《神學大全》（*Summa Theologica*），第1集第2冊，第64題。

43 能以正當理由使用暴力嗎？

- 聖經馬太福音第5章第39節。
- 柏拉圖，《克力同篇》，第49頁。
- 聖經約書亞記第10章第11節。

- 聖經約書亞記第10章第19節。
- 伯特蘭・羅素，《哪條路通往和平？》（*Which Way to Peace?*），第8頁，倫敦邁克爾・約瑟夫出版公司（Michael Joseph），1936年。
- 喬納森・格洛弗，《造成死亡和拯救生命》（*Causing Death and Saving Lives*），第257頁，倫敦鵜鶘出版公司（Pelican），1977年。

44 我找到「真命天子」了嗎？

- 亞瑟・叔本華，《愛的形而上學》（*Metaphysics of Love*）。可在線上閱讀：https://ebooks.adelaide.edu.au/s/schopenhauer/arthur/essays/chapter10.html

ithink
RI7011

深夜裡的哲學家

為什麼好人總會受苦？人生有意義嗎？讓蘇格拉底、笛卡兒、尼采等70位大思想家回答45則令人深夜睡不著的大哉問

What am I doing with my life?: and other late night internet searches answered by the great philosophers

• 原著書名：What am I doing with my life?: and other late night internet searches answered by the great philosophers • 作者：史蒂芬・羅 Stephen Law • 翻譯：李斯毅 • 封面設計：木木 Lin • 內文排版：陳瑜安 • 主編：徐凡 • 責任編輯：吳貞儀 • 國際版權：吳玲緯、楊靜 • 行銷：闕志勳、吳宇軒、余一霞 • 業務：李再星、李振東、陳美燕 • 總編輯：巫維珍 • 編輯總監：劉麗真 • 事業群總經理：謝至平 • 發行人：何飛鵬 • 出版社：麥田出版／城邦文化事業股份有限公司／ 115台北市南港區昆陽街16號4樓／電話：(02) 25000888 ／傳真：(02) 25001951 • 發行：英屬蓋曼群島商家庭傳媒股份有限公司城邦分公司／ 115台北市南港區昆陽街16號8樓／書虫客戶服務專線：(02) 25007718 ; 25007719 ／ 24小時傳真服務：(02) 25001990 ; 25001991 ／讀者服務信箱：service@readingclub.com.tw ／劃撥帳號：19863813 ／戶名：書虫股份有限公司 • 香港發行所：城邦（香港）出版集團有限公司／香港九龍土瓜灣土瓜灣道86號順聯工業大廈6樓A室／電話：(852) 25086231 ／傳真：(852) 25789337 • 馬新發行所／城邦（馬新）出版集團【Cite(M) Sdn. Bhd.】／ 41, Jalan Radin Anum, Bandar Baru Seri Petaling, 57000 Kuala Lumpur, Malaysia. ／電話：+603-9056-3833 ／傳真：+603-9057-6622 ／讀者服務信箱：services@cite.my • 印刷：漾格科技股份有限公司 • 2024年10月初版一刷 2024年12月初版二刷 • 定價420元

國家圖書館出版品預行編目資料

深夜裡的哲學家：為什麼好人總會受苦？人生有意義嗎？讓蘇格拉底、笛卡兒、尼采等70位大思想家回答45則令人深夜睡不著的大哉問／史蒂芬・羅（Stephen Law）著；李斯毅譯. -- 初版. -- 臺北市：麥田出版：英屬蓋曼群島商家庭傳媒股份有限公司城邦分公司發行, 2024.10
面；　公分. -- (ithink 哲學書系 ; RI7011)

譯自：*What am I doing with my life? : and other late night internet searches answered by the great philosophers*

ISBN　978-626-310-724-3（平裝）
EISBN　978-626-310-721-2（EPUB）

1.CST: 哲學　2.CST: 思考　3.CST: 通俗作品

100　　113010274

城邦讀書花園
www.cite.com.tw